Der Leistungswettbewerb als ein geschütztes Rechtsgut des deutschen und französischen Wettbewerbsrechts?

Europäische Hochschulschriften
Publications Universitaires Européennes
European University Studies

Reihe II

Rechtswissenschaft

Série II Series II
Droit
Law

Bd./Vol. 1094

PETER LANG
Frankfurt am Main · Bern · New York · Paris

Franz Schwend

Der Leistungswettbewerb als ein geschütztes Rechtsgut des deutschen und französischen Wettbewerbsrechts?

Ein rechtsvergleichender Beitrag zu den Anforderungen des gemeinsamen Binnenmarktes

PETER LANG
Frankfurt am Main · Bern · New York · Paris

CIP-Titelaufnahme der Deutschen Bibliothek

Schwend, Franz:

Der Leistungswettbewerb als ein geschütztes Rechtsgut des deutschen und französischen Wettbewerbsrechts? : Ein rechtsvergleichender Beitrag zu den Anforderungen des gemeinsamen Binnenmarktes / Franz Schwend. - Frankfurt am Main ; Bern ; New York ; Paris : Lang, 1991
(Europäische Hochschulschriften : Reihe 2, Rechtswissenschaft ; Bd. 1094)
Zugl.: Köln, Univ., Diss., 1991
ISBN 3-631-43497-9

NE: Europäische Hochschulschriften / 02

D 38
ISBN 3-631-43497-9

Meiner Frau Elisabeth

VORWORT

Diese Arbeit lag der rechtswissenschaftlichen Fakultät der Universität Köln als Dissertation vor. Sie ist aus einer von Prof. Dr. Nipperdey angeregten Untersuchung aus dem Jahre 1938 entstanden, die ich wegen der Kriegsverhältnisse nicht abschließen konnte.
Das Manuskript habe ich im Jahre 1989 fertiggestellt. Mein besonderer Dank gilt Prof. Dr. J.F. Baur, der mir den Hinweis gab, aus einer rechtshistorischen Betrachtung zu einer das heutige deutsche und französische Wettbewerbsrecht vergleichenden Darstellung fortzuschreiten. Nach einer kurzen Zeit der Mitarbeit als Rechtsanwalt in einer Kölner Sozietät war ich als Verwaltungsjurist in der Stadtverwaltung Köln, bei dem Bundesminister der Verteidigung in Bonn, etwa 1o Jahre lang als Leiter der Bundeswehrverwaltungsstelle Frankreich in Fontainebleau und danach wieder in der Rechtsunterabteilung des Verteidigungsministeriums tätig.

Nach meiner Pensionierung konnte ich noch 5 Jahre lang als Ausschuß-Vorsitzender auf dem Gebiet der Kriegsdienstverweigerung und anschließend ehrenamtlich als Justitiar des damals gegründeten "Senior Experten Service (SES)" bei dem DIHT in Bonn bis zum Jahre 1987 weiter arbeiten.

Köln, im Oktober 1989

Franz Schwend
Ministerialrat i.R.

I N H A L T S V E R Z E I C H N I S

ABKÜRZUNGSVERZEICHNIS

aaO.	am angegebenen Ort
Abs.	Absatz
Art.	Artikel
Aufl.	Auflage
Bd.	Band
BGB	Bürgerliches Gesetzbuch
BGBl.	Bundesgesetzblatt
BGH	Bundesgerichtshof
BGHZ	Amtliche Sammlung der Entscheidungen des BGH's in Zivilsachen, Bd. und S.
BVerfGE	Entscheidungen des Bundesverfassungsgerichtes
bzgl.	bezüglich
d.h.	das heißt
EuGH	Europäischer Gerichtshof
EG	Europäische Gemeinschaft(en)
Europarecht	Herausgegeben von Bodo Börner u.a.
EWGV	Vertrag zur Gründung der europäischen Wirtschaftsgemeinschaft

ff	fortfolgende
gem.	gemäß
GG	Grundgesetz der Bundesrepublik Deutschland
GRUR	Gewerblicher Rechtschutz und Urheberrecht Zeitschrift der deutschen Vereinigung für gewerblichen Rechtschutz und Urheberrecht, Jahr und Seite
GRUR Int.	wie vorstehend, Auslands- und internationaler Teil
GWB	Gesetz gegen Wettbewerbsbeschränkungen
Kap.	Kapitel
MuW	Markenschutz und Wettbewerb, Jahr und Seite
PVÜ	Pariser Verbandsübereinkunft zum Schutze des gewerblichen Eigentums
NJW	Neue Juristische Wochenschrift
Rabels Z	Zeitschrift für ausländisches und internationales Privatrecht, begründet von Rabel
Rdnr	Randnummer
RGBl.	Reichsgesetzblatt
RGZ	Entscheidungen des Reichsgerichtes in Zivilsachen
Rs	Rechtssache
S.	Seite

s.	siehe
sog.	sogenannte
u.a.	und andere, unter anderem
usw.	und so weiter
UWG	Gesetz gegen den unlauteren Wettbewerb
WRP	Zeitschrift "Wettbewerb in Recht und Praxis"
vgl.	vergleiche
WuW	Zeitschrift "Wirtschaft und Wettbewerb"
VO	Verordnung
z.B.	zum Beispiel

E I N L E I T U N G

1. Umschreibung der Begriffe Wettbewerbsrecht, Leistungswettbewerb, concurrence déloyale et illicite, Droit de la concurrence, Markt

"Wettbewerb ist das Verhältnis solcher Personen zueinander, die mit Aufwand irgendwelcher Mittel einen Zweck anstreben, den sie nicht alle erreichen können." So beschreibt der deutsche Nationalökonom Wilhelm Lexis um die letzte Jahrhundertwende einführend den Wettbewerb allgemein als unverzichtbaren Bestandteil des Kultur- und Wirtschaftslebens.

Der junge Franzose lernt auch heute noch, -ich meine mehr als der Deutsche-, die Selbstverständlichkeit und Notwendigkeit des Wettbewerbs, der ständigen Bewertung seiner Leistungen in der Schule, der Berufsvorbereitung, an der Universität und den "grandes écoles", den Eliteschulen für Führungskräfte in Politik, Wirtschaft und Verwaltung.[1]
Das Konkurrenzdenken ist ihm anerzogen.

Wir meinen hier ausschließlich den wirtschaftlichen, gewerblichen, geschäftlichen Wettbewerb. Die Werbung, nur ein Mittel oder die Folge des Wettbewerbs, ist auch Gegenstand des Rechts, das nur einen Teilbereich des weit umfassenderen "Wettbewerbsrechts" ausmacht. Der laute Wettbewerb durch Anpreisungen und Reklame aller Art drängt sich zwar in dem öffentlichen Bewußtsein vor, ist aber nur eine der vielen Erscheinungsformen des geschäftlichen Wettbewerbs.

Dieser ist kein wie von selbst, zwangsläufig und ungeordnet

---

1 z.B. Ecole nationale d'administration (ENA), deren Schüler "enarque" genannt wird; der "Polytechnicien" war Schüler der Ecole polytechnique.

entstehender Zustand, sondern ein wesentliches Merkmal unseres Wirtschaftssystems und unserer Wirtschaftsordnung. Industrie, Handwerk und Handel bieten dem Verbraucher, dem Kunden eine Vielfalt vergleichbarer Waren und Dienstleistungen an, die in Qualität, Preis und Gestaltung miteinander konkurrieren. Das Wettbewerbsrecht betrifft diesen Markt, schafft eine vorbeugend wirksame Rechtsordnung, um Konflikte zwischen den Mitbewerbern einzuschränken und den Bedarf der Verbraucher zu gerechten und günstigen Bedingungen durch die Marktwirtschaft erfüllen zu lassen.

Nipperdey hat im Jahre 193o "Leistungswettbewerb" als Gegenbegriff zu "Behinderungswettbewerb" maßgeblich definiert.[2] Das Reichsgericht ist in seinem sog. Benrather Tankstellenurteil vom 18.12.1931 auf diese Begriffe eingegangen, allerdings mit einem Ergebnis, das der von Nipperdey in seinem Privatgutachten vertretenen Auffassung widersprach.[3] Seither haben fast alle Kommentatoren des Gesetzes gegen den unlauteren Wettbewerb vom 07.06.19o9 (UWG)[4] versucht, die Begriffe des Leistungs- und Behinderungswettbewerbs in ihre verschiedenen Systeme des Wettbewerbsrechts einzuordnen.

Wenn wir das UWG mit seinen Nebengesetzen, insbesondere der Zugabeverordnung vom 09.03.1932 und dem Rabattgesetz vom 25.11.1933 nennen, haben wir nur einen Teil des Wettbewerbsrechts, das Wettbewerbsrecht im engeren Sinne, umschrieben. Wir rechnen heute zu dem Wettbewerbsrecht im weiteren Sinne auch das Kartellrecht, das in dem Gesetz gegen Wettbewerbsbe-

---

2 Nipperdey, Hans Carl, Wettbewerb und Existenzvernichtung Köln 193o,

3 RG 134, S. 342 ff

4 RGBl. S. 499; am 01.10.1909 in Kraft getreten. Gleichzeitig trat das Gesetz vom 27.05.1896 (RGBl. S. 145) außer Kraft. Das UWG wurde mehrfach, zuletzt durch das Gesetz vom 25.07. 1986 (RGBl. I 1169) novelliert.

schränkungen vom 27.07.1957 (GWB) kodifiziert ist. [5]

Moderne Juristen haben gelegentlich "Leistungswettbewerb" ein Schlagwort genannt, das aus der Rechtswissenschaft verbannt werden sollte. Sie haben auch die lange behandelte Frage nach dem geschützten Rechtsgut gar nicht mehr gestellt und durch eine funktionelle Beschreibung des Zwecks und Sinns des Wettbewerbsrechts ersetzt. Ob zurecht, soll diese Arbeit prüfen.

Die im Thema als Arbeitshypothese gestellte Frage soll möglichst mit Argumenten aus dem Wettbewerbsrecht im engeren Sinne beantwortet werden. Da heute aber weder das UWG noch das GWB ohne jede Rücksicht auf die Wechselwirkung zwischen beiden Gesetzen richtig ausgelegt und angewandt werden kann, müssen gegebenenfalls auch Gesichtspunkte angeführt werden, die sich aus dem Kartellrecht herleiten. Eine isolierte Betrachtung beider Rechtsgebiete, die erst zusammen den Kern des Wettbewerbsrechts ausmachen, ist nicht mehr möglich. Nur beide Gesetze, das ältere UWG und das jüngere GWB, sind das geltende Recht des wirtschaftlichen Wettbewerbs.
Obwohl die anfänglich sehr starken Bemühungen der Rechtswissenschaft, das geschützte Rechtsgut des Wettbewerbsrechts zu bestimmen, in den Hintergrund getreten sind, ist die Frage berechtigt, ob die wissenschaftliche Diskussion auf die Begriffe "Rechtsgut" und "Leistungswettbewerb" verzichten sollte. Jedenfalls können wir zurückblickend feststellen, daß ein verdienter Rechtslehrer wie Eugen Ulmer sich geirrt hat, als er bereits im Jahre 1932 in seiner Antrittsvorlesung in Berlin die Frage nach dem geschützten Rechtsgut des Wettbewerbsrechts als endgültig beantwortet erklärt hat. Er hat sich

---

5 BGBl I 1o81 in der Fassung vom 24.09.1980 (BGBl I 1761); geändert durch 4 Novellen; es trat am 01.01.1958 in Kraft.

selbst in seinen späteren Arbeiten korrigiert und das Rechtsgut anders als in Berlin definiert.[6]

Es liegen jedenfalls so viele, spätere Versuche vor, die Frage nach dem Schutzobjekt des Wettbewerbsrechts zu beantworten, daß es reizt, den roten Faden in diesen zahlreichen Theorien zu suchen. Eine solche rechtshistorische Betrachtung bewegt sich auf dem für die ältere Rechtswissenschaft kennzeichnenden begriffsjuristischen Felde.

Auch die ältere wirtschaftswissenschaftliche Literatur behandelt den Wettbewerb häufig in abstrakter Manier, indem sie ihn in das Gebäude der analysierten Wirtschaft und der geforderten Wirtschaftsordnung einfügt. In juristischen Darlegungen finden sich beide, mehr dem Wirtschaftswissenschaftler zustehende ökonomische Untersuchungen. Wir müssen sicherlich von einem zutreffenden Verständnis des gewerblichen Wettbewerbs ausgehen, wenn wir Schlußfolgerungen auf das Recht ziehen. Wir werden deshalb auf die Schriften der Vertreter des Neoliberalismus, insbesondere von Franz Böhm[7] und Müller-Armack[8] zurückkommen, der den Begriff "soziale Marktwirtschaft" gepräft hat.

Der Markt, auf dem sich der gewerbliche Wettbewerb abspielt, ist ein zweidimensionaler Kreuzungsbereich: Vertikale Beziehung zwischen Erzeuger, Großhändler, Einzelhändler und horizontale Beziehung zwischen den anbietenden Mitbewerbern. Auf dem Markt -einer bestimmten Stufe- entscheidet sich der Kunde für eine bestimmte Ware oder Dienstleistung.

---

6 Ulmer, Eigen, Sinnzusammenhänge im modernen Wettbewerbsrecht, 1932 S. 7

7 Böhm, Franz, Wettbewerb und Monopolkampf, 1933/1964, Mitbegründer der "Freiburger Schule"

8 Müller-Armack, Alfred, Wirtschaftslenkung und Marktwirtschaft, 1947

Die ständigen Veränderungen dieses Marktes und des Wettbewerbs werden durch verschiedene Tendenzen beeinflußt, die die unmittelbar beteiligten Konkurrenten, gesellschaftliche Verbände, politische Parteien u.a. mit unterschiedlichen rechts- und wirtschaftspolitischen Zielsetzungen vertreten. Diesem Markt tritt der demokratische Staat mit seiner Gesetzgebung, Gerichtsbarkeit und Verwaltung gegenüber; letztere ist in Frankreich wie der Bundesrepublik dreistufig: Gouvernement de la République, les provinces, les communes und Bund, Länder und Gemeinden.

Wirtschafts- und Rechtswissenschaftler sind berufen, diese komplexe und dynamische Größe, den Wettbewerbsmarkt, zu untersuchen und zu beeinflussen. Ideal ist eine Zusammenarbeit im sog. Team, bei der der Jurist wie der Ökonom das Schwergewicht seiner Arbeit auf seinem angestammten Gebiet beläßt.[9]

Die schon genannten Wirtschaftsjuristen Böhm und Müller-Armack haben in der Aufbauzeit der Bundesrepublik den Schritt aus der Wissenschaft in die praktische Gestaltung des Staates getan; sie sind Parlamentarier und Ministerialbeamte geworden. Diese Erscheinung wiederholt sich bis heute -gerade auf dem Gebiet der Wirtschaft- zum Nutzen von Wissenschaft und Staat.

Grundsätzlich ist die Berechtigung der reinen, zweckfreien Wissenschaft, besonders auf dem Gebiet der Grundlagenforschung und Systematik, unangreifbar. Gleichwohl stärkt es die Stellung des Wettbewerbsrechts, wenn es auf die Frage "Cui bono" einen Nutzen für Geschäftsleute, Richter und Verwaltungsbeamte dartun kann.

---

9 Eine neoliberale Gruppe hat eine bis heute erscheinende Zeitschrift begründet:

Ordo, Jahrbuch für Ordnung von Wirtschaft und Gesellschaft, Stuttgart, herausgegeben von Franz Böhm, Friedrich A. Lutz u.a.

Da am Ende des Jahres 1992 ein gemeinsamer europäischer Markt eingeführt werden soll, gewinnt die Kenntnis und der Vergleich des Wettbewerbsrechts aller europäischen Staaten ein aktuelles Interesse, sogar für die Fortentwicklung des nationalen Rechts.[1o]

Wegen der besonders engen Beziehungen zu unserem westlichen Nachbarn Frankreich habe ich dieses Land für eine rechtsvergleichende Untersuchung ausgewählt. Die ständigen Konsultationen der deutschen und französischen Regierungen, die Zunahme des französischen Engagements in der Bundesrepublik Deutschland und der deutschen Niederlassungen in Frankreich legt sogar die Frage nahe, ob gegenseitige Anpassungen im Wirtschaftsrecht auf weite Sicht ratsam sind. Ein im anderen Land tätiger Unternehmer wird z.B. die Gefahr fürchten müssen, durch Unkenntnis der Rechtslage eine in seinem Heimatland zulässige Werbung zu betreiben, die ihn -in Frankreich rechtswidrig- unter Umständen sogar zum Schadensersatz gegenüber einem geschädigten Mitbewerber verpflichten könnte. Hinzu kommt, daß moderne Werbung durch Presse, Rundfunk und Fernsehen die Landesgrenzen überspringt.

In Frankreich ist die Frage nach dem geschützten Rechtsgut in dieser Formulierung nicht gestellt worden, soweit ich feststellen konnte. Dort ist es die Lehre von der propriété industrielle, dem gewerblichen Eigentum, in die das Recht von der concurrence déloyale, dem unlauteren Wettbewerb, eingefügt wurde. Der deutsche Gesetzgeber hat den Begriff "unlauter" als Übersetzung des in der französischen Terminologie gebräuchlichen "déloyale" übernommen.[11] Deshalb ist Frankreich als das

---

1o Ulmer/Krasser, Das Recht des unlauteren Wettbewerbs in den Mitgliedsstaaten der Europäischen Wirtschaftsgemeinschaft, Bd. IV Frankreich, München, Köln ist im Jahre 1966 herausgegeben worden.

11 Emmerich, Volker, Das Recht des unlauteren Wettbewerbs, 2. Aufl., München 1987, S. 5

Mutterland des Rechts des unlauteren Wettbewerbs bezeichnet worden.

Von der "concurrence déloyale", dem unlauteren Wettbewerb, wird die "concurrence illicite", der unerlaubte Wettbewerb, unterschieden.[11a] Eine sprachliche Schwierigkeit macht das Wort "Leistungswettbewerb", schulmässig etwa mit "concurrence par effort" zu übersetzen; "effort" bedeutet Anstrengung, ein Begriff, der unserem Wort Leistung nahekommt, aber mit diesem nicht deckungsgleich ist; vor allem ist dieser Begriff im Französischen nicht eingeführt worden, er existiert nicht.

Es gibt also keine Übersetzung, sondern nur eine umschreibende Definition des "Leistungswettbewerbs": Une concurrence fondée sur la qualité des marchandises offerts. Da der deutsche Begriff auch Dienstleistungen einschließt, ist noch "ou services" zuzusetzen. Leistungswettbewerb ist demnach im Französischen "der auf der Qualität der angebotenen Waren oder Dienstleistungen beruhende Wettbewerb".[12]

Es wird zu prüfen sein, inwieweit diese zunächst nur philologische Feststellung eine sachliche, rechtliche Bedeu-

---

11a Es ist bedenklich, jedes Handeln der concurrence déloyale vorsätzlich (bösgläubig), der concurrence illicite fahrlässig zu nennen. Diese Verallgemeinerung findet sich in dem Kommentar Baumbach/Hefermehl (vgl. Fußnote 14, Einl. UWG Rdnr 3)
Doucet/Fleck (Licencié en droit) Wörterbuch der Rechts- und Wirtschaftssprache, Paris, 1988 stützt meine Meinung.

12 Ulmer, Eugen, La répression de la concurrence déloyale dans les états membres de la Communauté Equonomique Européenne, 1967; mandat de la Comission de la CEE pour le Max-Planck-Institut für ausländisches und internationales Patent-, Urheber- und Wettbewerbsrecht à Munich, Bd. 1, S. 1;

der französische Linguist übersetzt in der zitierten Weise und fügt der französischen Definition das deutsche Wort "Leistungswettbewerb" hinzu, das er demnach für charakteristisch, typisch deutsch, ansieht. Ähnlich spricht der Franzose von "La Bundeswehr" in französischem Kontext.

tung hat, schon ein Indiz für die Beantwortung der Frage nach dem geschützten Rechtsgut des französischen Wettbewerbsrechts ist.

2. Der europäische gemeinsame Binnenmarkt

Der Entwicklungsprozeß zu dem europäischen Binnenmarkt ist unumkehrbar geworden. Die "Einheitliche Europäische Akte", die am 01. Juli 1987 in Kraft getreten ist, definiert den Binnenmarkt als einen "Raum ohne Binnengrenzen, in dem der freie Verkehr von Waren, Personen, Dienstleistungen und Kapital ... gewährleistet ist." Nachdem die Parlamente der 12 Mitgliedstaaten die genannte Akte ratifiziert haben, kann man von einer Verpflichtung zur Verwirklichung des Binnenmarktes und der genannten "vier Freiheiten" sprechen, die im Vertrag zur Gründung der europäischen Wirtschaftsgemeinschaft (EWG-Vertrag) verankert sind. Es wird ein Markt für mehr als 32o Millionen Einwohner entstehen. Damit erreicht im Jahre 1992 der durch die "Römischen Verträge" 1957 grundgelegte Einigungsprozeß Europas über die Zollunion hinaus einen Fortschritt, den nationale Egoismen zwar häufig durch bürokratische und kleinliche Hemmnisse verlangsamen, aber nicht mehr aufhalten können.
Es hat sich bereits unter den Mitgliedstaaten eine "gemeinsame Haltung" dafür ergeben, das Warenzeichenrecht zu harmonisieren. Das mehrfach geänderte Warenzeichengesetz (WZG) ist am 02.01.1968 erlassen worden.[13] Die deutsche und französische Rechtsauffassung stimmen darin überein, daß das Warenzeichenrecht einen Ausschnitt aus dem allgemeinen Wettbewerbsrecht darstellt.[14]

---

13 RGBl I 29

14 BGH 14, S. 15/18;
Baumbach/Hefermehl, Wettbewerbsrecht, 15. Aufl. STand 01. August 1987, München 1988, Allg. Rdnr 1o1 (S. 96)

Der Europäische Rat hat bereits gefordert, daß die nötigen Beschlüsse auch zur Verwirklichung eines gemeinschaftlichen Patentrechtes gefaßt werden. Dadurch würde auf dem Gebiet der Urheberrechte und des gewerblichen Rechtsschutzes ein Beitrag geleistet, an dem auch Rechtswissenschaftler mitzuwirken berufen sind.[15]

Ein Urteil des Europäischen Gerichtshofes in Luxemburg vom 20.02.1979 in der Rechtssache "Cassis de Dijon" beweist, welche kaum verständlichen Barrieren gegen die Öffnung des europäischen Marktes gebaut werden. Die Bundesrepublik verhinderte die Einfuhr des französischen Johannesbeerlikörs Cassis mit der Begründung, der Alkoholgehalt sei geringer, als das für Liköre gefordert werden müsse. Die Vertreter der Bundesrepublik beantworteten die entsprechende Frage der Richter mit der Behauptung, der geringere Alkoholgehalt könne zur Erhöhung des Alkoholkonsums und damit zu einer verstärkten Gefahr des Alkoholismus führen. Da der Gerichtshof diese Begründung als nicht stichhaltig verwarf, gab er der Klage gegen die Bundesrepublik statt, so daß daraufhin der Likör Cassis de Dijon nach Deutschland importiert werden durfte.[16]

Aus diesem willkürlich als Beispiel ausgewählten und ähnlichen Urteilen des Europäischen Gerichtshofes hat sich eine ständige Rechtssprechung zu den Art. 3o bis 36 des EWG-Vertrages entwickelt, die als Grundsatz der Gegenseitigkeit bezeichnet werden kann:

Der freie Warenverkehr in der EG ist nicht von vorhergehenden Hamonisierungsmaßnahmen abhängig.

Jeder Mitgliedstaat muß den Verkauf solcher Waren dulden, die in einem anderen Mitgliedstaat dem dort geltenden Recht

---

15 Bericht der Kommission der Europäischen Gemeinschaften vom 17.11.1988 über den Stand der Arbeiten gemäß Art. 8b des EWG-Vertrages

16 Urteil des Europäischen Gerichtshofes, Rs 12o/78, Sammlung 1979, 646, 655

entsprechend hergestellt und verkauft werden und keine Gefahr für die Gesundheit der Verbraucher darstellen. Zusätzliche Kontrollen durch das Einfuhrland sind grundsätzlich nicht zulässig. Dies gilt auch dann, wenn die im Herstellungsland zu beobachtenden Vorschriften von denen des Einfuhrlandes abweichen.[17]

Dieses Prinzip gibt der Kommission die Befugnis, auf den Abbau von Handelshemmnissen -insbesondere durch unterschiedliche technische Vorschriften- hinzuarbeiten. Bei Vertragsverstößen ist die Kommission sogar berechtigt, das förmliche Verfahren gem. Art. 169 des EWG-Vertrages gegen das Mitgliedsland einzuleiten.

3. Das Umfeld des Binnenmarktes, z.B. EWS, Efta, nationale Systeme

Als Exkurs will ich das Europäische Währungssystem (EWS) anführen, das für den kommenden Binnenmarkt meines Erachtens von großer Bedeutung ist; dabei kommt es auf eine direkte rechtliche Verbindung zu der EWG nicht an. Die Regierungschefs -ohne den von Großbritannien- wollten mit dem am 13. März 1979 in Kraft getretenen EWS eine Zone währungspolitischer Stabilität in Europa schaffen. Ihr wichtigstes Element ist ein System fester Leitkurse; der Wert jeder Währung wurde in dem sog. Ecu (European Currency Unit) festgelegt und zudem wurden Grenzen bestimmt, innerhalb derer die einzelnen Kurse der Währungen schwanken dürfen; notfalls müssen die Notenbanken durch Käufe und Verkäufe der beteiligten Währungen die Kurse stützen. Im Juni 1989 wurden die spanische Peseta und der

---

17 Dr. Reinhard Schulte-Braucks, Kommission der EG, Vortrag am 14.09.1988 in Bremerhaven, "Verwirklichung des EG-Binnenmarktes-Szenario 1992: Auswirkungen auf die Unternehmenspolitik", herausgegeben von der Wirtschaftsförderungs-Gesellschaft Weser-Jade mbH

portugiesische Eskudo als letzte der zwölf EG-Währungen in den Ecukorb aufgenommen. Das EWS hat m.E. den politischen Zusammenhalt der EG gefestigt, indem es die Stabilität der Wechselkurse einigermaßen sicherte und damit dem Handel nützte.

Nachdem die EG um Griechenland, Spanien und Portugal erweitert worden ist, ist zu fragen, ob das EWS ausreicht, wenn ab 1993 tatsächlich der freie grenzüberschreitende Verkehr von Menschen, Waren, Kapital und Dienstleistungen beginnt. Das Fernziel muß nach einer verbreiteten Meinung eine Währungsunion sein, gegen die allerdings einige EG-Mitglieder starke Bedenken haben. Vielleicht muß für eine Übergangszeit das EWS zu einem vervollkommneten, noch stärker bindenden System weiterentwickelt werden. Es ist zur Zeit nicht abzusehen, wie Widerstände von Staaten, die um jeden kleinen Verlust an Souveränität bangen, überwunden werden können.[18]

Wie bereits erwähnt, führte der Anfang des Weges zu einer Einigung Europas über eine Zollunion. Für eine in eine weitere Zukunft blickende Prognose ist es ein interessantes Indiz, daß die 6 Mitgliedstaaten der Europäischen Freihandelszone, der sog. Efta, auf ihrem Gipfeltreffen am 15. März 1989 durch ihre Regierungschefs gegenüber der EG ihr Interesse anmeldeten, über die Frage einer Zollunion zwischen Efta und EG zu verhandeln. Efta-Länder sind Norwegen, Schweden, Finnland, Island, Schweiz und Österreich. Wenn auch auf dem sog. Gipfeltreffen in Oslo in der Frage der Zollunion noch keine Einigung der beiden Seiten erreicht wurde, so erklärten doch die Regierungschefs der Efta ihre Entschlossenheit, als Organisation mit der Zwölfergemeinschaft der EG direkt zusammenzuarbeiten. Sie haben ihre Absicht erklärt, eine

---

18 Meldung in der Kölnischen Rundschau am 13.03.1989, genau 1o Jahre nach Einführung des EWS, unter der Überschrift: "Noch keine Chance für den Euro-Taler"; K R vom 19.06.1989 "EWS"

partnerschaftliche Beziehungen zwischen der Europäischen Gemeinschaft und der Europäischen Freihandelszone zu entwickeln und die Grenzen zwischen den beiden Handelsblöcken zu öffnen; es war sogar von der Bildung gemeinsamer Institutionen die Rede.

Wenn auch noch keine völkerrechtlich relevanten Beschlüsse gefaßt wurden, ist es doch außen- und wirtschaftspolitisch von Bedeutung, wenn schon so früh vor der Verwirklichung des Binnenmarktes im Januar 1993 frühestens derartige Verhandlungen aufgenommen werden; diese sollten bei späteren Treffen aufgegriffen und zu konkreten Ergebnissen fortgeführt werden. Ich möchte von der normativen Kraft des Faktischen sprechen, wenn der Einigungsprozeß innerhalb der EG jetzt bereits über deren Grenzen hinaus ausstrahlt und 1989 schon politische Entwicklungen in Gang bringt. In dieser Feststellung liegt ein Argument mehr für die behauptete Unumkehrbarkeit des europäischen Einigungsprozesses.[19]

Eine besonders schwierige Zukunftsaufgabe sei noch erwähnt: Der Leiter des Instituts der Deutschen Wirtschaft weist darauf hin, daß es bis 1985 gelungen ist, 158 von insgesamt etwa 13ooo bundesdeutschen Industrienormen auf europäischem Niveau zu harminisieren. Er hält grundsätzlich Rechtsunterschiede im Binnenmarkt für möglich, sogar für nützlich. "Denn zu einem sich dynamisch entwickelnden Wirtschaftsraum gehört auch ein Wettbewerb der Systeme, der Behörden und Regierungen." Dem stimme ich auch bezüglich des Wettbewerbsrechts im allgemeinen zu. Dagegen hält er zu Recht einen europäischen Nenner für notwendig beim Gesundheitsschutz, der Sicherheit am Arbeitsplatz und im Aktienrecht. Im übrigen werden viele Unterschiede -auch bei den Industrienormen-nach 1992 fortbestehen und gegenseitig anerkannt werden müssen. M.E's kann der Binnen-

19 (ap)-Meldung aus Oslo in der Kölnischen Rundschau vom 16. März 1989

markt nur langsam zusammenwachsen.[2o]

Journalisten sprechen mit der ihnen erlaubten Übertreibung von den Brüsselern "Einheitshoblern", die am liebsten die Gemeinschaft bis zum letzten i-Tüpfelchen mit europäischen Vorschriften überziehen möchten. Abgesehen von der Mehrwertsteuer ist eine solche Harmonisierung z.B. in der Sozialpolitik schon wegen der nicht aufzubringenden Kosten unmöglich; in Griechenland werden z.B. nur 21% des Sozialproduktes, in den Niederlanden 4o% für Sozialleistungen ausgegeben.[21]

Die rein theoretische Frage sei abschließend erlaubt, ob die Bezeichnung "Binnen"-markt notwendig und glücklich ist. Warum wurde die Betonung auf die Grenzen Europas als eines nach innen gerichteten Marktes gelegt? M.E.'s hätte auch die Bezeichnung "Gemeinsamer europäischer Markt" ohne das Wortteil "Binnen" ausgereicht, die gemeinte Sache eindeutig zu benennen. Gerade dieser inzwischen gängig gewordene und nicht mehr zu berichtigende Begriff "Binnenmarkt" mit seiner Mißverständlichkeit hat Politiker, auch den Bundeskanzler Kohl, veranlaßt, mehrfach die Offenheit des europäischen Marktes nach außen zu betonen und zu erklären, Europa solle nach 1992 keine "Festung" werden.

Mit dieser Momentaufnahme der rechtlichen Situation, der allgemeinen Diskussion des gemeinsamen Binnenmarktes haben wir das Umfeld beschrieben, in dem Frankreich und Deutschland mit ihrem Wettbewerbsrecht miteinander, mit den Staaten Europas und der ganzen Welt Handel treiben.

Nach der zusammenhängenden Darstellung nach deutschem und französischem Wettbewerbsrecht schließt sich eine Betrachtung des internationalen Wettbewerbsrechts und im 4. Teil eine rechtsvergleichende Begründung der zusammenfassenden Thesen an.

2o Prof. Gerhard Fels, im Wirtschaftsteil der Kölnischen Rundschau vom 13.04.1989 unter der Schlagzeile "Ein gewisser Wirrwarr gehört zum Programm"

21 Münster, Petra, Einheitshobler am Binnen-Werk in Rheinischer Merkur/Christ und Welt Nr. 15 vom 14.04.1989 S. 9

1. Teil
Der Leistungswettbewerb als ein geschütztes Rechtsgut des deutschen Wettbewerbsrechts ?

1. Kapitel
Das geschützte Rechtsgut des Wettbewerbsrechts in der Rechtslehre und Rechtsprechung

A Rechtshistorische Einführung

Wir haben schon bemerkt, daß dieses Problem ein Lieblingskind der älteren Rechtslehre in Kommentaren und Monographien war, während es in der jüngsten Literatur des Wettbewerbsrechts gar nicht mehr als solches genannt wird. Bedeutende Beiträge zum Wettbewerbsrecht begründen das gar nicht ausdrücklich, sondern übergehen diese Fragestellung als überholt, entbehrlich und deshalb uninteressant geworden.[22]

Wir berichten nur die Lehren der Klassiker zusammenfassend und halten wesentliche Veränderungen der Doktrin fest, um damit die unentbehrliche Grundlage für eine eigene Stellungnahme zu der Rechtsgutfrage zu erarbeiten.

Ohne eine solche Einleitung wäre das Verständnis des geltenden Rechts erschwert.

---

22 Mestmäcker, Ernst Joachim, Der verwaltete Wettbewerb -Eine vergleichende Untersuchung über den Schutz von Freiheit und Lauterkeit im Wettbewerbsrecht-, Tübingen 1984

Baur, Jürgen F., Der Mißbrauch im deutschen Kartellrecht, Tübingen, 1972

I. Die Entwicklung des Wettbewerbsrechts von der Einführung der Gewerbefreiheit bis zum UWG von 1896

In Deutschland löste die Einführung der Gewerbefreiheit im gesamten Reichsgebiet im Jahre 1871 eine stürmische wirtschaftliche Aufwärtsentwicklung aus. In dieser Zeit klagte man erstmals in der Literatur darüber, daß Machenschaften unlauteren Wettbewerbs sich breit machten. Das Reichsgericht lehnte überraschender Weise jeden Schutz gegen diese Auswüchse im Wirtschaftsleben ab[23], da dem deutschen Recht schon der Begriff des unlauteren Wettbewerbs unbekannt sei, der aus dem französischen Recht stamme.

Das Reichsgericht nahm damals an, das Markenschutzgesetz vom 3o.11.1874[24] regele abschließend den Schutz der Verbraucher gegen Irreführungen, und kam durch einen schwer verständlichen Umkehrschluß zu dem genannten Ergebnis. Es entwickelten sich deshalb immer mehr Mißstände in dem gewerblichen Wettbewerb, die nur durch den Gesetzgeber wirkungsvoll bekämpft werden konnten. So kam es zum Erlaß des ersten UWG von 1896, das -noch ohne Generalklausel des § 1 UWG von 1909- nur einzelne, besonders krasse Methoden des unlauteren Wettbewerbs als unzulässig bekämpfen und möglichst ausschalten sollte. Diesem Ziel dienen die Verbote der Irreführung von Kunden durch täuschende Angaben (jetzt § 3 UWG), der Anschwärzung und der geschäftlichen Verleumdung (jetzt §§ 14 und 15 UWG), des Mißbrauchs gewerblicher Kennzeichnungsmittel (jetzt § 16 UWG) und andere Einzeltatbestände.

---

23 RGZ 2o, 71 (75)

24 RGBl. S. 143

Die Rechtsprechung war deshalb nach dem Inkrafttreten des bürgerlichen Gesetzbuches im Jahre 19oo nicht gehindert,neben dem UWG von 1896 auch die Generalklauseln des BGB, insbesondere § 826 BGB, auf Sachverhalte des unlauteren Wettbewerbs anzuwenden; dadurch konnte der Schutz des lauteren Wettbewerbs verstärkt werden. Da § 826 BGB nur auf vorsätzliche Schädigungen der Mitbewerber angewandt werden konnte, dieser Vorsatz des Konkurrenten aber häufig nicht nachgewiesen werden kann, war der Schutz durch diese Generalklausel unzulänglich.

Im Schrifttum wurde deshalb bald gefordert, auch die Bestimmung des § 823 Abs. I BGB zur Bekämpfung des unredlichen Mitbewerbers heranzuziehen. Zurecht sieht Emmerich[25] darin den wesentlichen Grund dafür, daß die Diskussion um das Schutzgut des Rechts gegen den unlauteren Wettbewerb durch Jahrzehnte hindurch die Rechtswissenschaft sehr interessierte. Wären das Persönlichkeitsrecht oder das Unternehmen als Rechtsgut des Wettbewerbsrechts im Sinne eines absoluten Rechts gemäß § 823 Abs. I BGB anerkannt worden, wäre in Deutschland wie in Frankreich ohne eine wettbewerbsrechtliche Generalklausel bereits aufgrund des allgemeinen Deliktsrechts ein umfassender und ausreichender Schutz des lauteren Wettbewerbs gewährleistet gewesen. Tatsächlich ist die Rechtsprechung der Literatur niemals auf dem Weg über § 823 Abs. I BGB gefolgt.

II. Die Rechtsprechung des Reichsgerichts und das UWG von 19o9

Das Reichsgericht hat nur ein Recht am "eingerichteten und

---

25 Emmerich, Volker, Das Recht des unlauteren Wettbewerbs, München, 1987, S. 1o

ausgeübten Gewerbebetrieb" anerkannt.[26] Da nur unmittelbar gegen den Bestand des Rechts gerichtete Eingriffe in den geschützten Bereich des Gewerbebetriebes untersagt wurden, konnten nur in Ausnahmefällen Maßnahmen des unlauteren Wettbewerbs erfaßt werden.

Da die Rechtslage deshalb immer noch Lücken des Schutzes aufwies, fügte der Gesetzgeber in das UWG von 1909 die Generalklausel des § 1 UWG ein.[27] Aus dieser Norm und der Bestimmung des § 3 UWG hat die Lehre und Rechtsprechung ein stark verästeltes, sich ständig weiterentwickelndes System von Verhaltensnormen für den Wettbewerb geschaffen, das die Einzeltatbestände des UWG zunehmend zurücktreten ließ. Trotz mehrerer Änderungen und Ergänzungen des UWG, zuletzt durch die Novelle vom 25.07.1986[28], gilt das Wettbewerbsrecht im ganzen seit 1909 unverändert fort.

Nur das Kartellrecht -das GWB von 1957- ist hinzugekommen. Ein bedeutender Wandel hat sich dagegen in der Auslegung und wissenschaftlichen Behandlung des Rechts vollzogen, da das UWG nicht mehr wie früher als bloß deliktsrechtlicher Schutz der Mitbewerber, sondern auch als Schutz der Verbraucher und der

---

26 Grundlegend RG 58, 29; nach dieser Entscheidung ist ein subjektives Recht an dem Betrieb nur gegeben, wenn die Willensbetätigung des Gewerbetreibenden eine "gegenständliche Verkörperung gefunden hat". Das Reichsgericht bejahte in vielen Entscheidungen eine Verletzung dieses Rechtes nur dann, wenn sich der Eingriff "unmittelbar gegen den Bestand" des Gewerbebetriebes richtete, z.B. beim Boykott durch Postenstehen vor dem Geschäft oder durch Abhalten von Kunden. Dagegen genügte es nicht, wenn eine wirtschaftliche Gewinnchance durch unlauteren Wettbewerb entzogen wurde (RG 126, 96).

27 "Wer im geschäftlichen Verkehr zu Zwecken des Wettbewerbs Handlungen vornimmt, die gegen die guten Sitten verstoßen, kann auf Unterlassung und Schadensersatz in Anspruch genommen werden."

28 BGBl. I, S. 1169, die am 01.01.1987 in Kraft getreten ist; inhaltlich werden wir auf diese Novelle zurückkommen.

Allgemeinheit verstanden wird; damit sind zwei klar zu trennende Begriffe und zwei unterschiedliche Interessenlagen gemeint; die Allgemeinheit besteht nicht nur aus Verbrauchern, die als solche Marktbeteiligte sind.

B Die Persönlichkeit

Die vorliegenden Antworten auf die Rechtsgutfrage lassen sich in drei Gruppen einteilen:

Die ältesten Lösungen sehen die Persönlichkeit, die jüngeren das Unternehmen, -letzteres wie die Persönlichkeit von den Schriftstellern jeweils in verschiedener Weise definiert-, und die heute vorherrschenden ein objektiviertes Ordnungsprinzip unterschiedlicher Art als geschützt an.

Die Persönlichkeit

Otto von Gierke stellt die gewerblichen Schutzrechte als Persönlichkeitsrechte selbständig neben die Schuldrechte, dinglichen Rechte, Familienrechte und andere. Im Bereich der Persönlichkeit unterscheidet er neben Leben, Freiheit, Ehre "das Recht freier Betätigung der eigenen leiblichen und geistigen Kräfte" und erklärt dieses als "ein Privatrecht auf einen besonderen wirtschaftlichen Tätigkeitsbereich" als geschützt durch das Wettbewerbsrecht.[29]

Diese Anschauung hat Adolf Lobe schon vor Erlaß des UWG von 1909 systematisch und tiefgründig ausgebaut.[3o] Er übernimmt von dem Naturrechtslehrer Donellus[31] die Aufteilung der Rechte nach ihrem Objekt in jene, die ihren Gegenstand in persona cuiusque haben (Persönlichkeitsrechte) und jene, die in den rebus externis ihr Objekt haben (Sachenrechte). Beide Gruppen sind durch den Oberbegriff "id, quod vere et proprie nostrum est" vereinigt und den Schuldrechten "id quod nobis debeatur" gegenübergestellt. Lobe definiert das Persönlichkeitsrecht näherhin als "jene Rechtsmacht, die alle anderen von der Einwirkung auf das natürliche Dasein des Menschen ausschließt." Diese garantiert nicht dem einzelnen als Objekt der Normen ein Rechtsgut, sondern macht ihn "zu einem Mitinhaber der subjektiven Befehlsgewalt"; dieses zur rechtlichen Willensmachtbestätigung erhobene subjektive Recht geht also nach der Rechtsphilisophie Lobes weiter als zwei andere Gruppen von Rechtsnormen, "die Befehle

---

29 Otto von Gierke, Deutsches Privatrecht, Bd I, S. 7o2 ff, 1895

3o Lobe, Adolf, Die Bekämpfung des unlauteren Wettbewerbs, Bd I, Der unlautere Wettbewerb als Rechtsverletzung,Leipzig, 19o7, S. 145 ff

31 Hugonis Donelli Comentarii de Jure Civili, Lib. II, Cap. VIII; weiter zu den römisch-rechtlichen Wurzeln unseres Rechts: Savigny, System des heutigen römischen Rechts, Bd I, S. 337, 184o

und Verbote sind, die zugunsten des einen oder auch der Gemeinschaft an die anderen ergehen", und Normen, "durch die sich der Herrscherwille eine Selbstbeschränkung gegenüber dem einzelnen auferlegt und dadurch Freiheitsrechte des einzelnen schafft". Mit anderen Worten könnte man diese Unterscheidung als die zwischen der Reflexwirkung von Rechten und originären Rechten kraft natürlichen Daseins beschreiben.

Lobe erläutert dieses Persönlichkeitsrecht als ein Ausschlußrecht, das einen Unterlassungsanspruch gegen fremde Störungen begründet. Es ist ein einheitliches, das sich aber auch als Betätigungsrecht bezeichnen läßt, da es sich nicht nur auf den Mensch in seinem Sein, sondern auch in seinem Tun bezieht. Er statuiert also ein besonderes Persönlichkeitsrecht an der freien gewerblichen Tätigkeit als geschütztes Rechtsgut, das durch den Begriff "Freiheit" in § 823 Abs. I BGB gesetzlich anerkannt sei.

Eine so weite und unbestimmte Interpretation des Begriffs "Freiheit" widerspricht der inzwischen in der Rechtslehre und Rechtsprechung herrschend gewordenen Lehre, die in § 823 BGB geschützte Freiheit bedeute nur die persönliche, körperliche Bewegungsfreiheit und die "ungestörte Willensbestimmung".[32] Hinzu kommt die größte Schwäche dieser Rechtsgutbestimmung:
Bei einer Kollision der Rechte in einem konkreten Einzelfall ist die Widerrechtlichkeit der Wettbewerbshandlung nicht aus der Verletzung der als geschützt erklärten Persönlichkeitsrechte abzuleiten, da diese jedem Konkurrenten zur Seite stehen und sich gleichsam gegenseitig aufheben.
Die Widerrechtlichkeit muß vielmehr aus anderen Kriterien hergeleitet werden, unter die Lobe -insoweit widerspruchsvoll-

32 Statt vieler so schon Fischer, Otto und Henle, Wilhelm, Bürgerliches Gesetzbuch, München, 1932 zu § 823 Abs. I BGB Anm. 6 S. 445

auch den Begriff der Sittenwidrigkeit aufnimmt. Das Persönlichkeitsrecht genießt also nur einen Schutz gegen widerrechtliche Eingriffe, während es durch den erlaubten Wettbewerb ebenso verletzt, ungeschützt sein muß.

Schließlich mag es zwar rein begrifflich möglich sein, die Persönlichkeit zugleich als Rechtssubjekt bestimmter Ausschlußrechte und als Objekt des Rechtsschutzes zu begreifen. Diese besondere Schwierigkeit hat Lobe -soweit ich sehe- nicht als solche erkannt.

C Das Unternehmen

I als Immaterialgüterrecht

Josef Kohler hat den Begriff "Persönlichkeitsrecht" anders als Lobe verstanden; er setzt ihn den Vermögensrechten, den materiellen "Interessen" des Wettbewerbers entgegen.[33] Persönlichkeit bedeutet bei Kohler die Summe der ideellen Güter eines Rechtssubjekts, die dadurch verletzt werden, daß der unlauter Werbende den Mitbewerber in die Lage bringt, "entweder unterzugehen oder ebenfalls ein Lump oder Betrüger zu werden." Der Schutz des Persönlichkeitsrechtes soll den Mitbewerber von diesem psychischen Zwang befreien. Der freie Wettbewerb sei ein redlicher Kampf, führt Kohler aus, in dem keineswegs alle Mittel erlaubt seien, und der vor allem dort seine Grenze finde, wo die Persönlichkeit des Gegners verletzt werde. Das Gewerbe und das Unternehmen sei nichts anderes als die Persönlichkeit in ihrem zusammenhängendem Wirken, das sich gewissermaßen automatisch weiterentwickelt. Das Unternehmen könne sich von der Persönlichkeit loslösen und veräußert werden, "ähnlich wie im organischen Leben eine Knospung und

---

33 Kohler, Josef, Der unlautere Wettbewerb, Berlin, S. 18-23, 1914

Spaltung eintreten kann, welche ein neues Wesen erzeugt."

Ein Bild, das bei unbefangener Betrachtungsweise ohne weiteres auf das Verhältnis eines Mutterunternehmens zu seinen Filialen und auswärtigen Niederlassungen paßt, kaum jedoch, -wie Kohler meint-, auf das Verhältnis der Unternehmerpersönlichkeit zu dem Unternehmen. Wie bei den Werken Lobes fällt dem heutigen Leser -neben aller Hochachtung vor dem tiefgründigen Denken und bahnbrechender Kreativität- auf, wie stark beide in dem zeitgebundenen Stil der vielgerühmten Begriffsjurisprudenz befangen sind und kaum zu der uns heute selbstverständlichen, einfacheren und funktionalen Betrachtungsweise des Wirtschaftslebens durchzustoßen vermögen. Gleichwohl wurden Generationen hindurch ihre Werke mit einer fast kritiklosen, bewundernden Gläubigkeit von allen Schriftstellern auf dem Gebiet des gewerblichen Rechtsschutzes und des Wettbewerbs zitiert und als Maßstab und Vorbild betrachtet.

Ihr Ruhm war international. Der bedeutende Klassiker des französischen Wettbewerbsrecht, Paul Roubier, bezieht sich wie die deutschen Juristen auf Kohlers Werke, würdigt seine Verdienste als Rechtsphilosoph und bezeichnet ihn als den Schöpfer des wesentlichen Rechtsbegriffs des Immaterialgüterrechts -der droits sur les biens immateriels-, deren Unterschied von dem droit incorporelle, dem unkörperlichen Recht, er erläutert.[34]

Während Kohler seine Doktrin vom Wettbewerbsrecht erst in seinem Werk von 1914 zusammenhängend vorgetragen hat, prägte er den Begriff des Immaterialgüterrechts in seinen älteren Werken, dem Patentrecht von 1878 und dem Markenrecht von 1884. Zu diesen Immaterialgüterrechten als einer "besonderen Steigerung des Persönlichkeitsrechtes" zählt Kohler das Recht

---

34 Roubier, Paul, Le Droit de la Propriété Industrielle, 1952, S. 37

an dem Patent, an dem Warenzeichen, an der Firma, an dem Namen und der Geschäftsbezeichnung; er definiert diese als Institute, die der Person "eine stärkere Trag- und Wurfkraft" geben. Er vergleicht diese Rechte mit Sperrforts, die der Person einen besonderen wirksamen Schutz gegen die Angriffe des Wettbewerbs gewähren sollen. Er vertritt auch die These, das Recht zum Schutz des redlichen Wettbewerbs sollte nicht an bestimmten Gütern, sondern an den gegen die Person gerichteten Handlungen des unlauter Werbenden ansetzen. Nach Kohlers Doktrin steht das Immaterialgüterrecht und das Persönlichkeitsrecht in keinem Gegensatz, sondern das Persönlichkeitsrecht bildet die Wurzel des Immaterialgüterrechts; wo die letztgenannten nicht ausreichen, wirkt das Persönlichkeitsrecht unmittelbar.[35]

Wir werten heute die Grundüberzeugung Lobes und Kohlers, von der sie ihre Theorien philosophisch zur Praxis des Wettbewerbsrechts hin ableiten, als zutreffend, daß der Mensch, seine Persönlichkeit der vornehmste Gegenstand des Rechtsschutzes ist. Man hat jedoch beim Studium der beiden angeführten Werke, auch bei notwendiger Berücksichtigung der zeitgebundenen Denk- und Ausdrucksweise, den Eindruck, daß die Grenzen zwischen der notwendigerweise sachbezogenen, nüchternen Durchdringung der wirtschaftlichen Sachverhalte, einer philosophischen Vertiefung und einer fast poetischen Darstellungsweise verschwimmen. Diese beiden Lehren, die letztlich in einem Persönlichkeitsrecht zur wirtschaftlichen Betätigung ihre gemeinsame Wurzel haben, die Kohler lediglich zum Unternehmen hin fortentwickelt hat, muß man aus juristischen Überlegungen heraus als überholt ansehen.

---

35 Fikentscher, Wolfgang, Wettbewerb und gewerblicher Rechtsschutz, München und Berlin, 1958, S. 16o ff.
Er hat m.E's am gründlichsten und sorgfältig die hier ausgeführten Theorien und andere Lehren dargestellt, sodaß auf die von ihm zitierten weiteren Quellen und das angezogene Schrifttum verwiesen werden kann.

Ihre geistesgeschichtliche Heimat im Liberalismus und in der Hinwendung zum Individuum kann dabei gänzlich außer Betracht bleiben. Da die enge Beziehung des Wettbewerbsrechts zur Rechts- und Wirtschaftspolitik unbestreitbar ist, -manche Autoren wollen die Wettbewerbspolitik sogar in den Mittelpunkt des Wettbewerbsrechts schieben-, ist selbst die rechtswissenschaftliche Darstellung des Wettbewerbs- und Kartellrechts stets in der Gefahr, durch die Brille politischer Einseitigkeit und zeitgebundener Tendenzen gesehen zu werden und damit die wissenschaftliche Objektivität ganz oder zumindest teilweise zu verlieren; krasse Beispiele solcher Entgleisungen aus der Zeit des Nationalsozialismus werden anschließend berichtet.

Die beiden Theorien Lobes und Kohlers enthalten sicherlich wertvolle Gesichtspunkte, die insbesondere die Fortschritte der Rechtsprechung befruchtet haben. Wertungen wie "falsch" oder "unzutreffend" sind deshalb m.E's abwegig.

Dem Persönlichkeitsrecht fehlt jedoch die notwendige exakte Bestimmtheit, die alle anderen, schon aufgezählten Persönlichkeitsrechte besitzen; und zum anderen richtet sich der unlautere Wettbewerb in der Regel nicht gegen eine bestimmte Person, die dem Mitbewerber ganz gleichgültig ist, sondern gegen das Unternehmen in seiner wirtschaftlichen Auswirkung.

Zudem scheint mir die Lehre von dem Persönlichkeitsrecht als Rechtsgut zu versagen, wenn der Gewerbetreibende eine Gesellschaft ist, da eine juristische Person nach meiner Auffassung keine "persönliche" Betätigungsfreiheit beanspruchen kann. Der Typ des modernen Unternehmens wird zumindest tendenziell immer anonymer.[36]

---

36 Entgegengesetzter Meinung Hefermehl in Baumbach-Hefermehl, Wettbewerbsrecht, 15. Aufl., 1988, Allg. Nr. 145 unter Berufung auf BGH GR 73, 55o; 82, 631 u.a. Trotzdem schließe ich mich der Minder-Meinung an.

Kohler betont, das Unternehmen als Immaterialgut sei der Inhalt eines geistigen Schöpfungsaktes, ein "idealer Gegenstand", der einen "Ausdruck" erhalten hat, und der zu trennen sei von den Erzeugnissen, in denen er sich beliebig oft verkörpern kann. Solche Immaterialgüter seien auch ein technischer Gedanke, eine künstlerische Gestaltung und das Wesen einer Erfindung. Der heute veränderte Unternehmenstyp und die Tendenz seiner weiteren Fortentwicklung wird durch diese Lehre nicht mehr befriedigend beschrieben.

Gleichwohl folgt lange die Lehre und die Rechtsprechung des Reichsgerichts der Auffassung, das Unternehmen sei das geschützte Rechtsgut, an dem ein subjektives Recht des Gewerbetreibenden bestehe.

II Das Unternehmen als Inbegriff von Gütern

Baumbach[37] hat den Begriff des Immaterialgüterrechts für entbehrlich gehalten; er definiert das Unternehmen als Inbegriff von materiellen und immateriellen Gütern wie geschäftlichen Beziehungen, Geschäftsgeheimnissen, dem Ruf und den Chancen des Unternehmens, besonders den Beziehungen des Unternehmens zu der Kundschaft und den Lieferanten. Da an den einzelnen das Unternehmen bildenden Teilen bereits viele verschiedenartige Rechte bestehen, ist die Vorstellung, gleichwohl sei das Unternehmen als Sammelbegriff Objekt eines einheitlichen subjektiven Rechts, nicht einfach nachzuvollziehen, aber auch nicht rechtlich auszuschließen.

D Beispiele verschiedener objektivierter Ordnungsprinzipien als geschützte Rechtsgüter

I Das Berufsethos des Gewerbes

Andere Autoren, die von dem Dualismus Persönlichkeit-Unter-

37 Baumbach, Das gesamte Wettbewerbsrecht, 2. Aufl., Berlin 1931

nehmen wegkommen möchten, beschreiten einen dritten Weg unterschiedlicher Art:
Isay[38] definiert einen von beiden Objekten Abstrahierten Wert als geschützt, "das Berufsethos des Gewerbes". Sein Ziel ist es, zu einem Kodex der Verbotsnormen des unlauteren Wettbewerbs zu gelangen, durch den das Berufsethos des freien Gewerbes seinen Ausdruck und zugleich seine Sicherung findet. Sein weiteres Ziel ist es, eine Unterlassungsklage mit rein objektivem Tatbestand zu begründen. Weithin streitet man sich darüber, ob es einen objektiven, d.h. schuldlosen Verstoß gegen die "guten Sitten" gemäß § 1 UWG gebe. Isay führt aus:
"Sobald einmal das Berufsethos voll entwickelt ist und seine eigenen Normen geschaffen hat, ist jede Verletzung dieser Normen zu untersagen, ganz gleich, ob sie schuldhaft erfolgt sind oder nicht".[39]

Es ist ein bleibendes Verdienst Isays, von der reinen Begriffs- zur Interessenjurisprudenz fortgeschritten zu sein.[4o]

Hier schiebe ich die Frage ein, ob es sich bei dem inzwischen nach mehr als 5o Jahren seit der Herausgabe des zitierten Werkes von Isay vorliegenden sog. "Sündenregister" des Bundes-Wirtschafts-Ministeriums vom 15.11.1974, einem "Beispielkatalog von Tatbeständen, die zu Wettbewerbsverzerrungen führen können", um einen Kodex der Verbotsnormen in seinem Sinne handelt.[41] Wettbewerbsregeln des Markenverbandes und

---

38 Isay, Hermann, Das Rechtsgut des Wettbewerbsrechts, Berlin, Frankfurt, 1933, S. 66, 67

39 aaO. S. 67

4o aaO. S. 8, 9

41 Text des sog. Sündenregisters in der Zeitschrift "Wettbewerb in Recht und Praxis", 1975, 24 ff;
Frhr. v. Gamm, Otto Friedrich, Wettbewerbsrecht, 5. Aufl., Bd 1, Köln, 1987, 4. Kap. Rdnr. 9; Text auch aaO. Bd 2, Anhang 1o

anderer Verbände der gewerblichen Wirtschaft gehen auf dieses "Sündenregister" zurück und sind gem. §§ 28 bis 33 GWB eingetragen worden; nicht Behörden, sondern nur Wirtschafts- und Berufsvereinigungen können solche Regeln aufstellen und zur Eintragung anmelden.

Diese Verbände haben die "Gemeinsame Erklärung von Organisationen der gewerblichen Wirtschaft zur Sicherung des Leistungswettbewerbes" vom 07.10.1975 herausgegeben, die 12 Tatbestände von Wettbewerbsverzerrungen enthält; diese ist unter dem 25.06.1984 fortgeschrieben worden.[42] Diese Erklärung hat das Ziel, im Wege der Selbsthilfe der Wirtschaft Störungen des Leistungswettbewerbs zu verhindern; obwohl sie keine im Rechtssinne verbindliche Wettbewerbsregel enthält, sind die Unternehmen und Organisationen der gewerblichen Wirtschaft aufgerufen, auf die Beachtung der Grundsätze der "Gemeinsamen Erklärung" zu achten.

Der BGH hat dementsprechend in einem Urteil vom 17.12.1976 diese Erklärung und das "Sündenregister" lediglich erwähnt und auf die dort vertretenen Meinungen hingewiesen, diese Erklärungen jedoch nicht als verbindlich, noch nicht einmal als Ausdruck einer insoweit allgemein herrschenden Verkehrsauffassung angesehen.

Diese These des BGH in seiner Eintrittsgeld-Entscheidung halte ich für überzeugend, da die Wettbewerbsverzerrungen selbst nach Ort und Zeit unterschiedlich sind und sein werden, so daß auch die sie bekämpfenden Grundsätze wandelbar bleiben müssen und es keine Verbindlichkeit von Wettbewerbsregeln für alle Zeiten geben kann, die Isay erhoffte, als er von dem Kodex der Verbotsnormen gesprochen hat.[43]

---

42 WRP 1976, S. 9 ff; ebenso in v.Gamm aaO. Bd 2, Anhang 11

43 BGH GRUR 1977, 619, 621 - Eintrittsgeld

Auch in Zukunft wird man damit leben müssen, daß der Richter in jedem einzelnen Fall eines wettbewerbsrechtlichen Verstosses sein Urteil nach dem positiven Recht des UWG und GWB unter Berücksichtigung der höchstrichterlichen Rechtsprechung und der sog. herrschenden Lehren der Wissenschaft suchen und sprechen muß, das dann selbst gegebenenfalls den Rechtsmitteln im Instanzenzug unterliegt.

II Die Wettbewerbsordnung selbst

Heinrich Lehmann führt als Schutzziel des Wettbewerbsrechts die "auf Leistung und Verantwortung beruhende Wettbewerbsordnung selbst" an. Er benützt also wie Nipperdey den Begriff Leistung, verschiebt aber den Akzent weg von den einzelnen Wettbewerbshandlungen zu der als Institution mehr statisch zu verstehenden Ordnung des Wettbewerbsrechts.[44]
Diese Formel Lehmanns, der an der Universität Köln mit seinem früheren Schüler Nipperdey in einem ständigen wissenschaftlichen Meinungsaustausch stand, halte ich für treffend und für anderen Versuchen überlegen.

III Leistungswettbewerb als Gegenbegriff zu Suggestions- und Gewaltwettbewerb

Callmann versteht wie Kohler das Unternehmen als Immaterialgut und meint, daß das moderne Wettbewerbsprinzip aus dem kapitalistischen Geist, dem Grundsatz freier Kräfteentfaltung und Machtbetätigung folge und mehr oder weniger offen das Ziel der Vernichtung des Konkurrenten habe. Die ideale Form des reinen Leistungswettbewerbs faßt er in die Worte: "Der Schaffende erstrebt nur die Vervollkommnung der eigenen Leistung, wenn auch um des Preises willen, und schenkt dem Mitstrebenden nur Beachtung, um aus dem Vergleich der beiden Leistungen Ansporn zu gewinnen".[45]

---

44 Lehmann, Heinrich, Handel und Gewerbe, 3. Aufl., 1943 S. 67 ff

45 Callmann, Der unlautere Wettbewerb, Kommentar, 1. Aufl., Mannheim, Berlin, Leipzig, 1929, S. 19; 1932 ist eine 2. Auflage erschienen.

Callmann erweitert die Zweiteilung von Nipperdey in eine Dreiteilung des Systems, indem er den Behinderungswettbewerb in zwei Formen des Wettbewerbs aufspaltet:

> Leistungswettbewerb ist der Wettbewerb durch Kräfteentfaltung,
> Suggestionswettbewerb ist der Wettbewerb durch Einwirkung auf die öffentliche Meinung, z.B. durch Reklame,
> Gewaltwettbewerb ist der Wettbewerb durch unmittelbare Bedrängung des Mitbewerbers, Schwächung seiner Leistungsfähigkeit oder seiner Reklamewirkung (Rufschädigung).[46]

IV Interessenschutz durch objektive Verhaltensnormen

Hefermehl trägt eine auf ein subjektives Recht an dem Rechtsgut verzichtende Theorie am ausführlichsten vor.[47]
Er spricht nicht expressis verbis von einem Rechtsgut als Schutzgegenstand des Rechts, sondern stellt den Begriff "Schutzzweck", die ratio legis, in den Vordergrund.

Mestmäcker behandelt in seiner bedeutenden, schon angezogenen Monographie zum UWG-Recht kein "Rechtsgut", sondern das "Prinzip des Wettbewerbsrechts", das er in der Wettbewerbsfreiheit findet.[48]

Mir sei hier eine Abschweifung zur kritischen Klärung des Begriffs "Rechtsgut" gestattet. Dieser Begriff ist in der älteren Literatur des Wettbewerbsrechts zuhause, die ihn offensichtlich aus der Strafrechtswissenschaft entliehen hat.

Wir begreifen das Verbrechen als eine Rechtsgut- und Pflicht-

---

46 aaO. 1929, S. 2o

47 Baumbach-Hefermehl, aaO. Einl. UWG Rdnr. 44 ff, 56

48 aaO. S. 83

verletzung. Rechtsgüter sind dort nichts anderes als die als sozial wertvoll erkannten und deshalb als "Rechtswerte" geschützten Lebensgüter. Der Strafrechtler unterscheidet von dem Rechtsgut das Handlungsobjekt als den konkreten Angriffsgegenstand, räumt aber ein, daß Überschneidungen zwischen Rechtsgut und Handlungsobjekt möglich sind. Z.B. schützt § 242 StGB das Eigentum als Rechtsgut, obwohl der Dieb das zivilrechtliche Eigentum dem Berechtigten nicht wegnehmen kann.

Man spricht auch von dem Rechtsgut als dem "rechtlich anerkannten Interesse an bestimmten Gütern als solchen in ihrer generellen Erscheinungsart" oder als einer "werthaften sozialen Funktionseinheit".

Im Strafrecht unterscheidet man weiterhin zwischen Rechtsgütern, die dem einzelnen als Individual-Rechtsgüter oder der Allgemeinheit als "Universal-Rechtsgüter" zugeordnet sind, obwohl auch die Allgemeinheit an der Erhaltung der Individual-Rechtsgüter ein Interesse hat.

Da nur "die elementaren und eindeutig substantiierbaren Lebensinteressen anderer oder der Gesellschaft" als Rechtsgüter anerkannt werden, spricht man ihnen im Strafrecht eine rechtspolitische Funktion zu.[49]

Wir fragen:
Welchen Vorrang verdient nach diesen Erläuterungen der Begriff Rechtsgut gegenüber dem im Zivilrecht weit gebräuchlicheren der ratio legis? Ich erkenne keinen. Der Sinn und das Wesentliche, der Zweck eines Rechtsgebietes läßt sich unter dem Begriff des "Schutzzweckes" ebenso gut darlegen wie unter dem Begriff des im Zivilrecht ungewöhnlichen "Rechtsgut."

---

49 Schönke-Schröder, Strafgesetzbuch, Kommentar, 198o, S. 115 und Strafgesetzbuch, Leipziger Kommentar, 1. Bd Einl. Rdnr 45-5o, 1974

Auch die Aufgliederung in Individual- und Universalrechtsgüter läßt sich leicht auf den "Schutzzweck" übertragen, indem wir fragen, welchen Schutz das Wettbewerbsrecht für den einzelnen und welchen für die Allgemeinheit bezweckt.

Aus diesen Gründen schließe ich mich Hefermehl an und werde in meiner Untersuchung später die Frage nach dem Schutzzweck und nicht dem "Rechtsgut" stellen. M.E's handelt es sich bei dieser Wortwahl um ein rein verbales und kein materiellrechtliches Problem. Mir erscheinen die feinen Begriffsunterschiede vom Wortsinn zur Definition hin, an denen sich ein Philosoph sicherlich delektieren kann, für die Rechtsanwendung und deshalb auch die Jurisprudenz fast belanglos.

Nach Hefermehl wird dieser Schutzzweck des Wettbewerbsrechts durch eine objektive Verhaltensnorm gewährleistet, die jedem Gewerbetreibenden sittenwidrige Handlungen verbietet. Der Autor führt aus, an der Einhaltung dieser Normen seien die Mitbewerber, die übrigen Marktbeteiligten, die Verbraucher und die Allgemeinheit interessiert; es handele sich deshalb im Wettbewerbsrecht um einen Interessenschutz, der privatrechtlich gestaltet sei.[5o]

Hefermehl sieht eine Besonderheit dieses Schutzes in den Vorschriften des § 13 Abs. II und III UWG, nach denen den Mitbewerbern und den Verbänden zur Förderung gewerblicher Interessen und zur Wahrnehmung von Verbraucherinteressen sowie den Industrie- und Handelskammern (IHK) Abwehransprüche gegen Verstöße eines Mitbewerbers gegen objektive Verhaltensnormen

---

5o Baumbach-Hefermehl, aaO. Einl. UWG Rdnr 5o, 51;

gleicher Ansicht ist
Raiser L., Rechtsschutz und Institutionenschutz, in Summum Jus Summa Injuria, 1963, S. 145/156;
Ulmer, Eugen-Reimer, D., Das Recht des unlauteren Wettbewerbs in den Mitgliedstaaten der EWG, BD. III, Deutschland, 1968 Rdnr 76 ff

zustehen; auf diese Weise werde der Unwert eines wettbewerblichen Verhaltens und die konkrete Verhaltensnorm bestimmt. "Die Vielheit und Variabilität der geschützten Interessen erfordert die Ausrichtung auf ein gemeinsames Schutzgut, um der Gefahr zusammenhangloser Einzelwertungen zu begegnen. Das integrierte Schutzgut ist der lautere Wettbewerb, auf den der Bewertungsmaßstab der guten Sitten in der Generalklausel des § 1 UWG bezogen ist." Der lautere Wettbewerb als Schutzgut soll über den Schutz der beteiligten Individualinteressen hinaus als "Orientierungspunkt für die rechtliche Beurteilung der Wettbewerbshandlungen und für den Inhalt der Verhaltensnormen wirken."[51]

Die Doktrin, daß das UWG den Wettbewerb oder die Wettbewerbsordnung als objektiv-rechtliche Institution unter dem Gesichtspunkt der Lauterkeit wettbewerblichen Verhaltens schützt, hat sich auch in der Rechtsprechung des Bundesverfassungsgerichtes durchgesetzt.[52]

Das Bundesverfassungsgericht faßt die herrschende Auffassung folgendermaßen zusammen:
" Der ... Schutz gegen Unlauterkeit und Irreführung des Verkehrs ... ist seinem Schwerpunkt nach wettbewerbsrechtlich ausgestaltet ... Im Vordergrund steht der Schutz des redlichen Mitbewerbers und der Allgemeinheit, insbesondere des Verbrauchers gegen unlauteres Verhalten und Schädigung durch irreführende Angaben. Schutzgut ist die Lauterkeit des geschäftlichen Verkehrs; die Institution des Wettbewerbs wird geschützt."[53]

---

51 Baumbach-Hefermehl, Rdnr. 51

52 BVerfG 51, 193215 Entscheidung vom 22.05.1979 betr. Lagenamen von Weinen

53 Das BverfG entscheidet die Einzelfrage bezgl. der Lagenamen von Weinen dahin, daß das Gesetz kein absolutes Recht zur ausschließlichen Benutzung der Herkunftsangabe von Weinen gewähre wie bei einem Warenzeichen, bei der Ausstattung oder der Firma.

Das Gericht definiert also nicht ein Ziel, sondern ein Zweifaches:
Wettbewerb ist zu erhalten als Institution und dieser Wettbewerb muß lauter sein. In der Tat folgt es damit Hefermehl.

V Schutz gegen Mißbrauch der Betätigungsfreiheit
Schon ältere Kommentatoren wie Godin-Hoth und Tetzner haben betont, daß der Zweck der Wettbewerbsordnung der Schutz der Interessen nicht nur des einzelnen Mitbewerbers, sondern auch der Allgemeinheit, des "umworbenen Publikums" sei und -eine interessante Zufügung- außerdem die "Befriedigung des Wettbewerbslebens."

Tetzner legt wie viele andere bei der notwendigen Interessenabwägung zwischen Allgemeinheit und Individuum besonderen Wert darauf, daß die besondere Lage des konkreten Falles lebensnah berücksichtigt wird. Er geht so weit, im Einzelfall einen "Rest von Verwechslungsgefahr", eine "unwesentliche Irreführungsgefahr" in Kauf zu nehmen, um Nachteile wie Arbeitslosigkeit und Vernichtung volkswirtschaftlicher Werte zu vermeiden. Wohlgemerkt hält er das Gegenteil für die Regel.

Auch mir scheint für einen verantwortungsfreudigen Richter ein solcher Weg, den Tetzner empfiehlt, ausnahmsweise der bessere zu sein.[54]

Tetzner hat in seiner Zeit, Ende der 5oiger Jahre, die Wirtschaftswerbung weithin negativ beurteilt; vom Inhalt des Zeitungsinserates bis zu den Sätzen, die der "Himmelsschreiber" auf die Wolken zaubert, findet er "qualitätsfremde Inhalte", die aber kein vernünftiger Mensch als wettbewerbs-

---

54 Tetzner, Heinrich, Gesetz gegen den unlauteren Wettbewerb, Köln, 1957, S. 22, 23
Godin-Hoth, Wettbewerbsrecht, 1957, Berlin

fremd ansehen könne. "Man kann sogar sagen, daß unsere Wirtschaftswerbung zu sehr erheblichen Teilen von dem paradiesischen Zustand eines echten Wettbewerbs der Qualitäten weit entfernt ist." Er stellt fest, daß oft ungleiche "werbliche Startbedingungen" vorliegen.
Tetzner resümiert, das UWG bezwecke den Schutz des allgemeinen Rechtsverkehrs gegen Schädigungen durch Mißbrauch der allen Personen zustehenden Betätigungsfreiheit, zu deren notwendigen Regulativen das Wettbewerbsrecht gehört.[55]

VI Siegeschance durch echte Rentabilität
Der schon genannte Neoliberale Franz Böhm entwarf als Wirtschaftsjurist in seinem einflußreichen und oft zitierten Werk "Wettbewerb und Monopolkampf" eine Doktrin von dem Recht einer freien Verkehrswirtschaft. Nach seinem System bewegt sich das gesamte Wirtschaften zwischen den beiden extremen Zuständen des vollkommenen Monopols und der vollkommen freien Konkurrenz. Er stellt den freien Wettbewerb in den Mittelpunkt der Wirtschaftsordnung als den Regulator, der fast selbsttätig das Wirtschaften der Gewerbetreibenden, der Industrie und des Handels ordnet.

Böhm griff die klassische Lehre von Lobe und Nipperdey über Leistungs- und Behinderungswettbewerb auf, entwickelte deren Theorien weiter und kam zu dem Ergebnis, daß alle denkbaren Methoden wirtschaftlicher Konkurrenz unter die Oberbegriffe von Leistungs- und Behinderungswettbewerb eingeordnet werden können.[56]

Der Wettbewerb als Institution sorgt für die Auslese der besten wirtschaftlichen Leistung und organisiert zugleich alle ökonomischen Funktionen. Böhm erklärt wie Nipperdey jeden

---

55 Tetzner, aaO. S. 15, 16

56 Böhm, Franz, Wettbewerb und Monopolkampf, 1933/1964, Köln-Berlin, S. 12, 14 ff, 178

echten Leistungswettbewerb für lauter und erlaubt. Nur durch den Nichtleistungskampf wird die Wirtschaftsordnung gestört, und der unlauter Handelnde verschafft sich einen regelwidrigen Vorsprung; Nichtleistungskampf ist als spezifischer Verstoß gegen die Kampfsitte grundsätzlich rechtlich zu verwerfen und deshalb unzulässig.

Als den typischen Fall des Nichtleistungswettbewerbs sieht Böhm den Monopolkampf; denn nur der Monopolist ist in der Lage, die Mittel des Behinderungswettbewerbs, des Schädigungskampfes anzuwenden, um seine beherrschende Stellung zu erobern und zu verteidigen.[57]

Er erblickt das geschützte Rechtsgut des UWG in der Chance jedes Unternehmens, im Wettbewerb mit der besten Leistung zum Zuge zu kommen, d.h. in der echten und ehrlichen Rentabilität des Unternehmens.

VII Leistungsprinzip als Grundlage des Unwerturteils

Hefermehls Theorie vom "Interessenschutz" hält Fikentscher für keinen Ausweg, weil sie ein subjektives Recht oder Rechtsgut verneint. Durch einen "Interessenschutz" lassen sich zivilrechtliche Ansprüche nicht begründen, denn auch der Staat kann und wird in der Regel "im Interesse" seiner Bürger handeln, begründet Fikentscher seine Kritik. Da unzweifelhaft beim UWG das Schwergewicht auf den zivilrechtlichen Ansprüchen liegt, versagt die Doktrin Hefermehls, die Fikentscher nur für eine "Umschreibung des Sittenschutzes", aber keine Deutung des Schutzgegenstandes hält. Er verficht die später zu untersuchende These, nicht nur das Recht des unlauteren Wettbewerbs, sondern auch das Recht der Wettbewerbsbeschränkungen -beides zurecht als Wettbewerbsrecht zusammenfassend- beruhten auf dem

---

57 Böhm, aaO. S. 82 ff, 315

"Gedanken des Leistungsprinzips."[58]

Er hat den Ansatz Nipperdeys m.E's weiterentwickelt, als er das Leistungsprinzip in einer allgemeinen Form als materielle Grundlage des Unwerturteils über den unlauteren Wettbewerb erkennt.

Er wendet sich auch gegen die Lehre Eugen Ulmers, der primär nur noch einen objektiven, dem Staatsganzen zukommenden Schutz anerkennt, von dem er sekundär die Berücksichtigung privater und allgemeiner Interessen ableitet. Diese Theorie sprengt die herkömmliche Vorstellung von objektivem Recht und subjektiven Rechten, meint Fikentscher unter Berufung auf keinen Geringeren als Georg Jellinek.[59] Nach bisheriger Auffassung verstand man unter "Interesse" im allgemeinen den auf ein Gut gerichteten Willen. Die Anerkennung solcher Interessen durch die objektive Rechtsordnung erzeugte nach bisheriger Lehre subjektive Rechte. Das Gut, auf das sich das durch die Rechtsordnung geschützte, dadurch zum subjektiven Recht erhobene Interesse bezieht, wird durch denselben Vorgang zum Rechtsgut.

Unser Autor bezweifelt, daß es notwendig ist, im Wettbewerbsrecht von "diesen grundlegenden und einfachen Vorstellungen unseres Zivilrechts abzuweichen."[6o]

Soweit ich die Literatur überblicke, scheint mir Fikentscher mit seiner, in diesem Sinne konservativen Theorie zu einer Minderheit der Rechtslehrer zu gehören.

---

58 Fikentscher, Wolfgang, aaO. Bd 7 der von H.C. Nipperdey herausgegebenen Schriften des Instituts für Wirtschaftsrecht an der Universität Köln, S. 225

59 Jellinek, Georg, System der subjektiven öffentlichen Rechte, 2. Aufl. Berlin 19o5, S. 43

6o Fikentscher, aaO. S. 162

Damit beenden wir die Darstellung fast willkürlich herausgegriffener, weder chronologisch noch systematisch geordneter Lehren, die am wenigsten den Anspruch auf eine Vollständigkeit erhebt.[61]

Die in der dritten Gruppe angeführten Beispiele einer Rechtsgutbestimmung sind auf keinen gemeinsamen Nenner zu bringen; es sei denn, wir stellen in Gegenüberstellung zur Persönlichkeit und dem Unternehmen fest, daß es sich bei den anderen Versuchen um Abstraktionen handelt.

Für das deutsche Wettbewerbsrecht können wir als Zwischenergebnisse zusammenfassen:

- Terminologisch ist der Begriff "Gesetzeszweck" dem des "geschützten Rechtsguts" vorzuziehen.
- Ein Einzelbegriff kann den Gesetzeszweck nicht treffend bezeichnen, sondern mehrere, sogar unterschiedliche Interessen aller Marktbeteiligten sind in eine komplexe Bestimmung aufzunehmen.
- Diese Bestimmung darf nicht statisch festgeschrieben sein, sondern sollte der Marktentwicklung sich dynamisch anpassen können.
- Der "Leistungswettbewerb" ist zwar materiell-rechtlich von Lehre und Rechtsprechung im ganzen als allgemeine Leitlinie positiv bewertet worden; ob er jedoch als zentrale Norm sich eignet, Zweck und Sinn des Wettbewerbsrechts zu bestimmen, ist umstritten.

---

61 Einen Überblick und sehr gründliche Wiedergabe der Literatur bietet:
Merz, Andreas, Die Vorfeldthese, Baden-Baden, Dissertation 1988 (3o8 S)
Als Schüler von Heinrich Lehmann darf ich eine häufige Feststellung unseres Lehrers frei zitieren: Glauben Sie nur nicht, eine Summierung von Köpfen bedeute notwendig eine Steigerung der Intelligenz.

Nach einer analytischen Untersuchung des Begriffs "Leistungswettbewerb" versuchen wir eine begründete Antwort auf die Frage in der letzten These zu geben.

Exkurs:
Entgleisungen im Wettbewerbsrecht des nationalsozialistischen Staates

Es ist historisch gesehen eine Selbstverständlichkeit, daß Publikationen, Dissertationen und Lehrmeinungen die Spuren des Zeitgeistes aufweisen, der die Universitäten ebenso beherrschte wie alle anderen Träger von Bildung und Kultur. Weniger als Element der rechtswissenschaftlichen Argumentation als ein zeitgeschichtliches Schlaglicht füge ich wenige Beispiele von Auffassungen ein, die damals an deutschen Hochschulen ebenso selbstverständlich waren wie sie dem heutigen Kritiker gänzlich unverständlich sind.

In der Mangelwirtschaft der Kriegszeit hatte sich ein Wettbewerb der nachfragenden Kunden entwickelt, die insbesondere mit dem Angebot von raren Sachwerten um legitim kaum zu erwerbende Waren und Lebensmittel auf dem sog. Schwarzmarkt feilschten und so den friedensmäßigen Wettbewerb der Anbieter in sein Gegenteil verwandelten. Der Staat hatte einen "Werberat der deutschen Wirtschaft" und die örtlichen Industrie- und Handelskammern, sog. "Einigungsämter" zur Entscheidung über Streitigkeiten zwischen Kunden und Lieferanten eingerichtet. Der damalige 2. Zivilsenat des RG's hatte das Wettbewerbsrecht nach den Richtlinien des Wirtschaftsministeriums in Berlin und anderer beteiligter Stellen des nationalistischen Staates und der NSDAP höchstrichterlich anzuwenden. Es war geradezu zwangsläufig, daß der kommentierende Rechtswissenschaftler jener Zeit das Verdienst der genannten Behörden und der Gerichte daran anerkannte und lobte, "einen

Zustand des deutschen Wettbewerbsrechts sichergestellt zu haben, der nur auf dem Leistungswettbewerb beruhe und den Fortschritt und das Glück der Völker in der kommenden Zeit", d.h. nach dem Weltkrieg, erwarten lasse.[62]

Der Kommentator meint weiter, "der französische Esprit habe zwar zuerst den Begriff der Concurrence déloyale betont und in die zu bekämpfenden Rechtstatbestände eingeordnet, dann habe jedoch Frankreich wie England das Weitere mehr dem Kalkül des rechtsprechenden Augenblicks überlassen; demgegenüber habe das deutsche Recht eine gewaltige Arbeitsleistung daran gewandt, gesetzgeberisch und dann in der Auslegung und Anwendung des Gesetzes bis zu den Tiefen des Grundsätzlichen vorzustoßen und feste Linien zu zeichen."

Gelegentlich der Immatrikulation von Studenten für das Trimester 1941 an der Universität Köln führte der als Berater des "Reichskommissars für die Preisbildung" tätige Hochschullehrer zum Thema "Wirtschaftslenkung" aus:
Nach der Machtübernahme des Nationalsozialismus könne das Wirtschaftsrecht nicht mehr wie im liberalen System seine Ordnungsfunktion ausüben; es müsse "mehr und mehr hinter der täglich sich erneuernden Lenkungsaufgabe der dynamischen Volkswirtschaft zurücktreten."[63]

Ein Richter des Oberlandesgerichts Hamm kommt "zum Neuaufbau

---

62 Elster, Alexander, Artikel in der Zeitung "Das Reich" vom 22. Sept. 194o, Nr. 18 unter dem Titel:"Die Sitte im Wettbewerb -Leistung oder Behinderung-" . Das Zitat ist nur stilistisch in Satzform gebracht; alle Begriffe sind in dem Original enthalten. Von dem Verfasser stammt "Wettbewerbsrecht", 1941

63 Schmölders, Günter, gem. Bericht in der in Köln herausgegebenen Tageszeitung "Westdeutscher Beobachter" vom 29.01.1941; seit 194o Ordinarius an der Universität Köln, als Kapazität der Finanzwissenschaft durch sein Werk "Psychologie des Geldes" ausgewiesen.

des UWG" zu der Erkenntnis, daß auch dieses Gesetz "organisch den Rassegesetzen einzugliedern sei, da es auch nur ein Rasseschutzgesetz sei." "Dem Umsichgreifen dieses Giftstoffes", -dem Egoismus des Wettbewerbers-, "selbst bei erbgesundem Blut, muß rechtzeitig ein Riegel vorgeschoben werden." Der Richter will deshalb in § 1 UWG den Begriff der "guten Sitten" beseitigen und "durch den Gedanken des Rassegefühls ersetzen." Am Ende seines Artikels formuliert der Verfasser: "Es sollte daher der § 1 UWG dahin gefaßt werden, daß jede Wettbewerbshandlung verboten ist, die nicht mit nationalsozialistischen Grundsätzen vereinbar ist." Es ist ein Trost, daß die Verantwortlichen der Zeitschrift, in der diese Pseudo-Wissenschaft veröffentlicht wurde, im Jahre 1937 anmerkten, sie könnten sich "die Grundauffassung des Verfassers nicht zu eigen machen und stellten diese zur öffentlichen Diskussion.[64]

Es waren Publikationen solcher überzeugter Nationalsozialisten und die Einstellung mancher Studenten, durch die die Hochschullehrer jener Zeit auch in den Seminaren gelegentlich gezwungen waren, zu schweigen trotz besserer Einsicht, wenn die nationalsozialistische Ideologie ihrer Studenten zu objektiv absurden wissenschaftlichen Thesen führte.

Der Verfasser selbst hat als Student in einem Seminarvortrag den als "Wirtschaftsverfassungssatz" qualifizierten Grundsatz "Gemeinnutz geht vor Eigennutz" nicht nur mit Zitaten zeitgenössischer Rechtslehrer belegt, sondern mit dem Satz des großen mittelalterlichen Thomas von Aquin:
"Bonum commune melius est et divinius bono unius."

Ein umstrittenes Problem war in dieser Seminarveranstaltung,

---

64 Starck, (Oberlandesgerichtsrat,Hamm) Zum Neuaufbau des UWG, in der Monatsschrift "Markenschutz und Wettbewerb", damals herausgegeben von Dr. Georg Benkard und Dr. Kurt Bußmann, Jahrgang 1937, Nr. 3, S. 81, 82

ob der Begriff "Rechtsgut des Volkes" juristisch dem Begriff "Rechtsgut des Einzelnen" in einer Hierarchie der Werte übergeordnet werden könne.[65]

65 Es handelt sich um das von Prof. Dr. Nipperdey 1937/1938 geleitete Seminar über wirtschaftsrechtliche Themen. Nach meinen Aufzeichnungen wurde im Ergebnis, -ich behaupte nicht von dem leitenden Professor persönlich- festgestellt, daß der Leistungswettbewerb "volksverpflichtet" sei; der Erwerbstrieb des Gewerbetreibenden, als Motor der Wirtschaft zu pflegen, am Gemeinwohl seine Grenzen finde.

2. Kapitel

Ist der Leistungswettbewerb die ratio legis des deutschen Wettbewerbsrechts ?

A Nipperdeys Lehre und das RG-Urteil im Benrather Tankstellenprozeß

Mit der Beantwortung dieser Frage kommen wir zum zentralen Teil unserer Untersuchung.

Obwohl der Begriff "Leistungswettbewerb" mit verschiedenen Nuancen umschrieben wird, schließen wir uns Nipperdey -sogar in der Wortwahl- an, um ein unverfälschtes Bild zu bieten und zugleich zu langatmige Zitate dem Leser zu ersparen:

Leistungswettbewerb (namentlich Qualitätssteigerung, Preisunterbietung) setzt nur die eigene gewerbliche Leistung im Kampf um den freien Abnehmer ein.

Behinderungswettbewerb (namentlich Sperre) beschränkt sich darauf, den Mitbewerber in seiner Handlungsfreiheit zu beeinträchtigen, um durch das Mittel der Behinderung freie Bahn für die eigene Absatztätigkeit zu schaffen.

Aus diesen Begriffsbestimmungen leitet Nipperdey folgende rechtlich wertende These ab:
Jeder Leistungswettbewerb, also auch die Preisunterbietung, ist unbegrenzt, d.h. ohne Rücksicht auf die den Mitbewerber treffenden schädlichen Folgen und deren Ausmaß, also bis zur Existenzvernichtung, zulässig. Das gilt auch, wenn der Leistungswettbewerb als Mittel des Organisationszwanges verwendet wird.

Sodann verfeinert der Autor die schwierige und unter verschiedenen Gesichtspunkten zu diskutierende Grenzziehung zwischen

seinen Standard-Begriffen Leistungs- und Behinderungswettbewerb und leitet die beiden weiteren Postulate ab:
Wenn der Wettbewerber nicht durch die "wahre, eigene Leistung," sondern durch die Ausnutzung eines Vertragsbruches oder einer Gesetzesverletzung, durch Ausbeutung fremder Arbeitsleistung, Täuschung der Abnehmerschaft, persönliche Herabsetzung des Mitbewerbers oder unzulässige Bezugnahme auf ihn diesen überflügelt, liegt kein Leistungswettbewerb vor.

Dagegen hängt die Zulässigkeit des Behinderungswettbewerbs auch von dem Grad der Schädigung des Gegners ab, so daß hier Existenzvernichtung einen Verstoß gegen die guten Sitten -im Sinne des § 1 UWG füge ich hinzu- begründen kann. Dabei sind jedoch zu Gunsten des Angreifers berechtigte eigene Interessen, insbesondere die Abwehr, aber namentlich beim Organisationszwang auch die Anpassungsmöglichkeit des Gegners zu berücksichtigen.[66]

Die Zulässigkeit des Unterbietens als einer Form des Leistungswettbewerbs, auch wenn dieser die wirtschaftliche Existenz des Konkurrenten vernichtet, begründet Nipperdey mit folgender Schlußfolgerung:
Die Existenzvernichtung des Gegners durch Unterbieten ist das weiter reichende Ziel und "unbegrenzt" zulässig; dem gegenüber ist es das beschränktere Ziel, den Mitbewerber zu veranlassen, sein die Organisation schädigendes Verhalten einzustellen, und deshalb nicht unsittlich und rechtswidrig. "Daraus folgt, daß das Unterbieten, wenn es als Mittel des Organisationszwanges verwandt wird, erst recht nicht unsittlich sein kann."

Um das Ergebnis des Gutachtens objektiv und unvoreingenommen

---

66 H.C. Nipperdey, Wettbewerb und Existenzvernichtung -Eine Grundfrage des Wettbewerbsrechts-, Heymanns Verlag, 193o, S. 27 (Ergebnisse)

darzustellen, muß betont werden, daß dieses selbstunmißverständlich aussagt, daß die Rechtslage eine andere ist, "wenn der Organisationszwang nicht mit Mitteln des Leistungswettbewerbs, sondern mit Mitteln des Behinderungswettbewerbs vorgenommen wird."[67]

Dem schon oben angeführten, heute als klassisch geltenden Urteil des Reichsgerichts im Benrather Tankstellenfall lag folgender Sachverhalt zugrunde:

Der Kläger war ein kleiner Außenseiter und die Beklagten ein Benzinkartell, das seine, der Tankstelle des Klägers nahe gelegene Station anwies, das Benzin jeweils 1 Pfennig billiger zu verkaufen als der Kläger; dieser sollte gezwungen werden, sich den Preisen des Kartells anzuschließen, oder er sollte vernichtet und vom Wettbewerb ausgeschaltet werden.

Der Kläger stützte seinen Antrag unter anderem auf ein Gutachten Callmanns, und das beklagte Kartell legte das Privatgutachten Nipperdeys vor, das das wiederholte Unterbieten als Mittel des Organisationszwanges rechtfertigte.

Schon der Vorderrichter hatte angenommen, daß es sich bei diesem Sachverhalt um einen typischen Fall des sog. Behinderungswettbewerbs handele. Das RG hält dessen Feststellung für bedenkenfrei und führt dazu aus, daß die Beklagten -das Kartell- nicht beabsichtigten, "durch die Billigkeit ihrer Preise mit dem Kläger in einen echten Wettbewerb zu treten, indem sie dem Publikum ernstgemeinte Vorteile boten und es auf diese Weise durch die Preiswürdigkeit ihrer Leistung als Kunden gewinnen wollten. Hätten sie das gewollt, dann hätten sie, wie das Urteil mit Recht betont, ihre Ware überall zu dem

---

67 Nipperdey, aaO. S. 27

billigeren Preis anbieten müssen, nicht nur in dem kleinen Amt B. und nicht nur -wie aus ihrer Anweisung an die dortigen Tankstellen-Verwalter, den Kläger stets zu unterbieten, ersichtlich war- zu dem Zweck, den Betrieb des letzteren, der sich ihnen nicht fügen wollte, lahmzulegen. Ihr Bestreben ging aber, wie der Vorderrichter feststellt, nur dahin, durch ein künstliches und möglichst rasch durchgeführtes Manöwer dem zu ihnen im echten Leistungswettbewerb stehenden Kläger die Beteiligung am Wettbewerb unter allen Umständen unmöglich zu machen, indem sie das Publikum durch Unterbieten, "koste es was es wolle" von ihm abzogen, um hinterher, nach Beseitigung des Klägers, sofort zu ihren alten oder höheren Preisen zurückzukehren.[68]

Es handelt sich deshalb um einen "Scheinvorteil", da das Publikum nach Ausschalten des Klägers nicht mehr zu dessen niedrigeren Preisen, sondern nur noch zu den höheren Preisen des Kartells kaufen konnte. Die Schädigung des Klägers war deshalb Kampfmittel der Beklagten und zugleich -dem Kläger gegenüber- der ausschließlich Zweck ihres Handelns, also keineswegs nur die Folge bei diesem Kampfe. Das Urteil weist darauf hin, daß Nipperdey selbst den Fall für denkbar und möglich hält, in dem das Unterbieten ursprünglich im Rahmen des Leistungswettbewerbs geschehen ist, "diesen Charakter aber infolge Hinzutretens besonderer Merkmale verloren hat und dann unzulässig geworden ist."[69]

Das Reichsgericht beurteilt diesen Fall schwersten Behinderungswettbewerb als sittenwidrig im Sinne des § 1 UWG und § 826 BGB und "zwar nicht nur wegen des die Vernichtung des Gegners mit Sicherheit herbeiführenden Kampfmittels, sondern ganz besonders auch wegen des klar zutage liegenden Vernich-

---

68 RG 134, 353, 354

69 RG aaO. S. 354

tungszweckes".[7o]

Schließlich weist das Gericht noch darauf hin, daß der Kläger wirtschaftlich gesehen fast wehrlos gewesen sei gegenüber dem starken wirtschaftlichen Druck, den die Beklagte als "Machtkörper" ausüben konnte, der durch Zusammenfassung vieler Einzelunternehmen zu Kartellen, Syndikaten, Trusts und dergleichen entstanden war.

Diese Zitate bedürfen m.E's keiner Kommentierung zum Nachweis der These, daß das von Nipperdey eingeführte Begriffspaar nichts zur Rechtsfindung des RG's beigetragen hat. Da die Subsumption des unstrittigen Sachverhaltes durch Nipperdey und das RG zu entgegengesetzten, sich ausschließenden Ergebnissen geführt hat, halte ich die Tauglichkeit der Begriffe Leistungs- und Behinderungswettbewerb für äußerst zweifelhaft, wenn nicht sogar im zu beurteilenden Einzelfall für widerlegt.

Auch Mestmäcker folgert aus dem besprochenen Urteil, daß das RG Nipperdeys Meinung zurückgewiesen hat, "die Preisunterbietung sei stets motivunempfindlicher Leistungswettbewerb." Aus dem Zweck wird vielmehr eine objektive Eigenart der Handlung abgeleitet. Diese Eigenart besteht in der Ausübung von Marktmacht. Deshalb weist Mestmäcker zurecht die im Schrifttum auch -z.B. von Isay und Heintzeler- vertretene Gegenmeinung zurück.[71]

Mestmäcker erkennt zutreffend als entscheidend, "daß der Vernichtungszweck oder der Zweck der Wettbewerbsbeschränkung

---

7o RG aaO. S. 355

71 Mestmäcker, aaO. S. 163;
Isay, Der Vernichtungszweck im Wettbewerbsrecht, GRUR 1929, 1368;
Heintzeler, Die Grenzen zulässiger Preisunterbietung nach dem neuen Wettbewerbsrecht, 1932, S. 5o

erst in Verbindung mit der Marktmacht rechtliche Relevanz gewinnt." Diese Marktmacht konnte das RG bei dem Kartell annehmen; die Planmässigkeit der Unterbietung war bereits ein Indiz für diese Marktmacht, die bei Einzelunternehmen fraglich sein kann.[72]

Das im Mittelpunkt des Gutachtens von Nipperdey stehende Begriffspaar Leistungs- und Behinderungswettbewerb wurde im Zusammenhang mit dem häufig besprochenen Urteil, vielen juristischen Dissertationen[73] und anderen Kommentierungen sehr bekannt, hat sich aber m.E's im ganzen in der wettbewerbsrechtlichen seriösen Wissenschaft nicht durchgesetzt. Die Begriffe sind als Elemente von Nipperdeys zentraler Behauptung in seinem Gutachten, die von einem Kartell praktizierte Unterbietungsaktion sei auch als Mittel des Organisationszwanges reiner Leistungswettbewerb und deshalb zulässig, als Wertungsmaßstab immer wieder angezogen, aber -wie ich behaupten möchte-, nicht in die herrschende Lehre eingegangen. Vielmehr schafft dieses Begriffspaar eher Unsicherheiten und

---

72 Merstmäcker, aaO. S. 163

73 Schoen, Friedrich, Leistungswettbewerb und Behinderungswettbewerb, Dissertation, Köln, 1933 ;
Keins, Gerhard, Das geschützte Rechtsgut bei der Bekämpfung des unlauteren Wettbewerbs, Dissertation, Breslau, 1935;
Beitzen, Ulrich, Gemeinnutz und Eigennutz im Wettbewerbsrecht, Dissertation, Köln, 1936;
Kinting, Karl Friedrich, Der Begriff der Unlauterkeit im Wettbewerbsrecht, Dissertation, Köln, 1934;
Keins, Gerhard, Das geschützte Rechtsgut bei der Bekämpfung des unlauteren Wettbewerbs, Köln, 1935; (Eine Dissertation, die damals in anderen Arbeiten nicht zu zitieren war, da der Doktorand Jude ist);
Jäger, Hartwig, Das gemeine Wohl als Rechtsgut des Gesetzes gegen den unlauteren Wettbewerb, Dissertation, Köln, 1935;

Obwohl mir Exzerpte aus den angeführten 6 Dissertationen und anderer Literatur vorliegen, verzichte ich auf deren Auswertung, da diese Arbeiten durch den nationalistischen Zeitgeist geprägt sind und deshalb heute wissenschaftlich unergiebig.

Unklarheiten in der Wertung einer bestimmten Wettbewerbshandlung als es zur rechtlichen Lösung hilft. Ein anerkannter Rechtslehrer nennt den Benrather Tankstellenfall den "Urfall des Nichtleistungswettbewerbs", der für Nipperdey noch rechtlich zulässiger Leistungswettbewerb war.[74] So häufig sich widersprechende Meinungen in der juristischen Literatur nichts für die Richtigkeit einer vertretenen Meinung besagen, beurteile ich das im vorliegenden Fall anders, da der Rechtslehrer nichts anderes tut, als das RG-Urteil gegen die Theorie von Nipperdey verteidigen.

B Andere Definitionen und Lehren zum "Leistungswettbewerb"

Ein nach meiner Meinung wenig geglückter Versuch, Nipperdeys Begriffe auch wirtschaftswissenschaftlich mehr zu unterbauen, sei kursorisch referiert.[75]

Zutreffend geht der Verfasser von der Feststellung aus, daß der Begriff Leistungswettbewerb von dem Zustand einer vollständigen Konkurrenz ausgehe; in der Wirklichkeit des Wettbewerbs liegt aber häufiger der durch Wettbewerbsstörungen verursachte Zustand der unvollständigen Konkurrenz vor.

Mit dem Hinweis darauf, daß das Streben nach Gewinn der eigentliche Motor der gewerblichen Anstrengung sei, -auch ohne wissenschaftliche Begründung jedem evidente Einsicht-, kommt der Verfasser zu dem Ergebnis, der Wettbewerber könne nur durch die Verbesserung des eigenen Angebots oder durch die "Verschlechterung" des fremden Angebots zum Erfolg am Markt kommen.[76]

---

74 Möschel, Pressekonzentration und Wettbewerbsgesetz, Tübingen, 1978

75 Herber, Rolf, Leistungswettbewerb und Preisunterbietung, Dissertation, Köln, 1956

76 Herber, aaO. S. 13, 16

Weiter übernimmt der Verfasser richtig aus der Literatur, daß der von Lobe, Callmann und Nipperdey grundlegend behandelte Begriff Leistungswettbewerb durch eine Definitionsmethode gewonnen einen Ordnungsbegriff des Wettbewerbsrechts darstelle. Im Anschluß an zahlreiche Kommentatoren berichtet er den entscheidenden Mangel dieser Definitionsmethode.[77]

Leistungswettbewerb stellt begrifflich auf das Mittel des Wettbewerbs ab,
Behinderungswettbewerb auf den Zweck oder das Ziel des Wettbewerbs.

Ein hart urteilender Kritiker müßte diesen Mangel als objektiven Fehler werten, da ein Begriffspaar wie Leistungs- und Behinderungswettbewerb den Anschein erregt, alle denkbaren und vorkommenden Fälle des Wettbewerbshandelns könnten unter einen der beiden Begriffe subsumiert werden. Und das trifft nicht zu. Der Leistungswettbewerb "behindert auch den Mitbewerber am Markt; salopp darf ich formulieren: Der erfolgreichste Behinderungswettbewerb ist der echte Leistungswettbewerb. Der Behinderungswettbewerb ist selbst durchaus auch eine "Leistung". Die beiden Begriffe sind keine derartigen, alle möglichen Wettbewerbshandlungen abdeckenden Definitionen, die einen dritten Begriff ausschliessen, oder anders formuliert, sich zu einem 1oo% Ganzen des Wettbewerbs zusammenfügen.

Es ist ein Verdienst der behandelten Schrift von Herber, daß er deutlich nachweist, Nipperdey selbst habe in seiner Darlegung diese dritte Gruppe von Wettbewerbshandlungen erkannt und beschrieben, aber -so muß ich einschränkend zusetzen- diese dritte Gruppe nicht zu dem aufgestellten Begriffspaar in Beziehung gebracht, d.h. eine dritte Defini-

---

77 statt vieler: Kirchberger, Unlauterer, sittenwidriger und unerlaubter Wettbewerb, Berlin 1931

tion dem Paar zugefügt: Es sind Fälle, in denen Wettbewerb durch Täuschung, durch Ausnutzung von Vertragsbruch oder sonstwie mit anderen Mitteln getrieben wird, die keine eigene Leistungsentfaltung bedeuten. Zu dieser Gruppe führt Nipperdey aus, es handele sich deshalb nicht um einen Leistungswettbewerb, weil nicht die "wahre" eigene Leistung im Kampf um den Kunden eingesetzt werde. Andererseits liegt bei dieser Gruppe auch keinesfalls Behinderungswettbewerb im Sinne der Definition vor. [78]

Aus den Ausführungen Nipperdeys vermag ich keine Antwort auf die Frage zu finden, wie er die "Leistung" und die "wahre Leistung" im Wettbewerb begrifflich unterscheiden will; nach welchen Kriterien soll der Richter im Einzelfall im Sinne dieser Unterscheidung urteilen? Hier klafft m.E's eine Lücke in dem System Nipperdeys.

Rein begrifflich kann nur "Nicht-Leistungswettbewerb" sich als Gegenbegriff zu "Leistungswettbewerb" ausweisen, den deshalb auch viele Autoren, denen sich Herber anschließt, einführen.

Herber berichtet weiter über viele im Schrifttum noch enthaltene andere Begriffe wie Gewaltwettbewerb, Suggestionswettbewerb, Unterbietungswettbewerb, Preissenkungswettbewerb, Anpassungswettbewerb und Unterkostenpreiswettbewerb usw.

Da wir zur Beantwortung der Frage unserer Arbeit nicht gezwungen sind, eine Systematik der angeführten Einteilungen von Wettbewerbshandlungen aufzustellen, verzichten wir in dieser Hinsicht auf vertiefende weitere Ausführungen. So scharfsinnig manche der zahlreichen "Systeme" abgegrenzt werden in der Literatur, neige ich zu der Auffassung, daß manche Theorien dem Richter Steine statt Brot geben,

---

78 Herber, aaO. S. 19, 23, 3o

wenn dieser im konkreten Prozeß Recht sprechen muß. Selbst sog. Ordnungsbegriffe und präzise in Worte gefaßte Definitionen verschwimmen dann an ihren Grenzen, wenn der Richter gerade solche "Grenzfälle" des erfindungsreichen Wettbewerbs weiß oder schwarz bewerten muß, um über Unterlassung oder Schadensersatz zu urteilen.

Zusammenfassend definiert Herber den Eingriff der eigenen Leistung im Wettbewerbsverhältnis "etwa dahin":
"Als (gesamtwirtschaftlich nützliche) Leistung ist eine Erstellung oder Verteilung von Bedarfsgegenständen (d.h. Erhöhung des Sozialprodukts) unter möglichst weitgehender Geringhaltung des Aufwandes, -welcher sich zahlenmässig in den Kosten ausdrückt-, im Rahmen der für alle Gewerbetreibenden geltenden, sich aus den Regeln der Gesellschaftsordnung ergebenden Schranken für die Aufwandsminderung zu verstehen".[79]

Wir reduzieren diese Begriffsbestimmung auf ihren Kern: Die wirtschaftliche Leistung ist die Herstellung von Waren oder der Handel mit Waren zu möglichst geringen Kosten (mit Fremdwort: Minimierung des Aufwandes) innerhalb der hierfür von der "Gesellschaftsordnung" gesetzten Schranken.

Als Jurist vermag ich nicht die Fragen zu beantworten, warum der Verfasser nicht von "Rechtsordnung", sondern von "Gesellschaftsordnung" spricht, und die zweite Frage, welche Einsparung, "Geringhaltung" von Aufwand unzulässig ist. Falls Herber damit Machenschaften des unlauteren oder verbotenen Wettbewerbs meint, wäre das anders zu formulieren. Der Ausschluß von gesamtwirtschaftlich nicht nützlicher "Leistung" erscheint mir ebenso selbstverständlich wie ich mir keine Herstellung von "Bedarfsgegenständen" vorstellen kann, die das Sozialprodukt nicht erhöht.

---

79 Herber, aaO. S. 43

Falls meine Kritik unberechtigt ist, liegt das daran, daß das wirtschaftswissenschaftliche Vokabulatorium sich von dem allgemeinverständlichen Sinn der Wörter entfernt hat. Sollte das zutreffen, begehen Rechtswissenschaftler gelegentlich ähnliche Fehler bei der Begriffsbildung.

Was soll der im Wettbewerbsrecht nicht Erfahrene unter "Vorfeldthese" vom Wortsinn her verstehen? Daß diese von Peter Ulmer eingeführte und von vielen Rechtslehrern aufge nommene Lehre -im übrigen unterschiedlich ausgeführt- das Vorfeld des GWB meint, und zwar im Vorfeld der Marktbeherrschung, im Vorfeld des Mißbrauchs- und Diskriminierungsverbotes ist inzwischen ein neuer, nicht mehr zu beseitigender Zweig des Wettbewerbsrechts. Der Begriff als solcher soll von Möschel geprägt sein.[8o]

Mir sei die Bemerkung erlaubt, daß die wissenschaftliche "Erkenntnis" manchmal nur die Einführung von neuen termini oder die Anwendung von Fremdwörtern für einfache, auch deutsch zu bezeichnende Sachverhalte ist. Ein weiteres Beispiel aus dem Wettbewerbsrecht: Was besagt Antinomie mehr als Gegensatz, Ausschließlichkeit und Konvergenz als Verträglichkeit, sich ergänzende Vereinbartkeit?

Gleichwohl finden sich dieses Begriffspaar wie viele, bei dem einen Verfasser jeweils anders als bei seinem Kollegen bestimmte termini, die gewöhnlich aus dem Griechischen oder Lateinischen herkommen: Die Prägnanz, Kürze, Tauglichkeit solcher termini wird ebenso wenig verkannt wie die Berechtigung jeden wissenschaftlichen Autors, die Akzente und Worte seiner Definition so zu setzen, wie das ihm nach seiner

---

8o Merz, Andreas, Die Vorfeldthese, Die Anwendung des § 1 UWG im Vorfeldbereich der horizontalen Marktbehinderungstatbestände des GWB, Baden-Baden, 1988, S. 21

Dogmatik, seinem Stil, seiner Theorie beliebt; die einfache Übernahme einer vorgefundenen Begriffsbestimmung ist in der Literatur eher die Ausnahme. Muß die Entwicklung des Wettbewerbsrechts weiter dahin gehen, daß der Teil jeder Untersuchung immer umfangreicher wird, der lediglich alle schon vorliegenden, in der internationalen wissenschaftlichen Literatur gefundenen verschiedenen Definitionen und Lehren wiedergibt? Steht die Quantität solcher breiten Zusammenstellungen noch in einem gesunden Verhältnis zum sachlichen Gehalt?

Mit dieser abschweifenden Randbemerkung möchten wir die eigene Bemühung rechtfertigen, keine "neuen" Begriffsbestimmungen zu basteln und möglichst dem Laien unverständliche, aus Fremdsprachen abgeleitete Begriffe tunlich zu vermeiden.[81] Wir kommen auf den Begriff der "Leistung" im Anschluß an Herbers Definition zurück: "Leistung" ist nicht eindeutig: Der Begriff kann mehr auf Leistung als Instrument, als das wettbewerbliche Handeln oder mehr auf den Erfolg dieses Handelns, -die Auswirkung auf den Markt-, abstellen. Der Sprachgebrauch bietet Beispiele genug für beide unterschiedlichen Akzentsetzungen.

Hefermehl behauptet in diesem Sinne: "Der Gegensatz zwischen Mittel und Zweck ist somit oft nur ein scheinbarer." Die beiden, nur in der philosophischen Logik scharf in Gegensätzlichkeit stehenden und sich ausschließenden Begriffe werden

---

81 Heinrich Lehmann hat seinen Hörern häufig die Ermahnung in ihre Berufstätigkeit mitgegeben, ihre juristische Argumentation möglichst schlicht und allgemein verständlich auszudrücken, ihre Relationen nicht im sog. "Fach-Chinesich ersticken zu lassen und den Rat erteilt: Erläutern sie ihren Urteils-Vorschlag ihrer Raumpflegerin -er sprach noch von der Putzfrau-; wenn diese sie versteht, liegt ihr Ergebnis richtig, sonst seien sie mißtrauisch.

von Rechtswissenschaftlern in einer anderen, "weicheren" Weise ausgelegt.

"Der Einsatz eines Wettbewerbsmittels ist stets ein zweckgebundenes Handeln", also kein Selbstzweck. "Der von einem Wettbewerber verfolgte und erreichte Zweck kann seinerseits das Mittel zur Erreichung eines weitergehenden Zweckes sein. Wer eine Ware mit einer falschen Herkunfsbezeichnung unter Vortäuschung nicht vorhandener Eigenschaften anpreist, der verfolgt den Zweck, den Kunden irrezuführen.," führt Hefermehl aus.[82]

Der Vorteil für den Anbieter tritt erst ein, wenn ein Irregeführter die Ware kauft. Endzweck ist der Absatz der Ware und diesen Zweck erreicht der Anpreisende durch das Mittel der Täuschung, ein ebenfalls bezweckter Erfolg, ohne den der weitere Zweck nicht erreicht werden kann.[83]
Das Mittel der Wettbewerbshandlung oder eines Bündels von Wettbewerbshandlungen kann oft zu einem näheren Zweck, einem Zwischenziel und über diesen zu einem weiteren Zweck führen.

Der vorstehend von uns mit Herber und anderen Autoren gerügte Mangel der Difinition Nipperdeys wird demnach von Hefermehl relativiert, weil er den Gegensatz der beiden Begriffe als einen "scheinbaren" entlarvt. Persönlich halte ich die Kritik für berechtigt, da es sich im Kern um nichts weniger als die Ursächlichkeit, die Kausalität handelt, wenn wir von Mittel und Zweck, von Weg zum Ziel, von Instrument und Erfolg sprechen. Das eigentliche Problem liegt in der "Ungenauigkeit"der gesprochenen, lebendigen Sprache, die nicht immer den Punkt exakt trifft, den der philosophisch eindeutige Begriff

---

82 Baumbach-Hefermehl, aaO. Einl. UWG Rdnr 111

83 aaO. Rdnr 111

meint. Salva reverentia erlaube ich mir in diesem Zusammenhang die Bemerkung, daß der Rechtswissenschaftler nicht immer mit der Klarheit des Fach-Philosophen spricht. Hefermehls Ausführungen zu diesem Punkt überzeugen mich nicht.

Hefermehl geht von einer auf einem bestimmten Markt von einem einzelnen Wettbewerber angebotenen Leistung aus, die zum Vergleich mit der Leistung der Mitbewerber steht. "Ob die Leistung auf persönlicher Anstrengung und Tüchtigkeit oder auf Glück oder Zufall beruht, ist gleichgültig.[84]

Die gleiche Ansicht vertritt Fikentscher: Er rechtfertigt zunächst eine "unnütz erscheinende verschwenderische Werbung" als Leistungswettbewerb, solange diese nicht irreführend im Sinne des § 3 UWG ist oder gegen eine andere die Reklame beschränkende Vorschrift verstößt. Nach dieser Wertung fährt er fort: "Auch solche Wettbewerbshandlungen, die auf keine eigene Leistung, sondern auf Glück oder Zufall zurückzuführen sind, die auf einem spielerischen, unverdienten Einfall beruhen, gehören noch zum Leistungswettbewerb."[85] Fikentscher stellt wie Hefermehl nicht auf ein "generelles, von außen herangetragenes, vom Inhalt des Wettbewerbs abstrahierendes Urteil über die Leistung des Mitbewerbers, sondern auf die Wirkung auf Mitbewerber und Kunden" ab.[86]

Für Hefermehl ist das Ergebnis der Leistungsfähigkeit, wie es sich auf dem Markt zeigt, entscheidend. "Die Startchancen sind

---

84 aaO. UWG, Einl Rdnr 97

85 Fikentscher, aaO. S. 116; incidenter weist er hier darauf hin, daß H. Lehmanns Formulierung im "Handel und Gewerbe", 3. Aufl., 1943, S. 1o1, jeder Wettbewerb, der nicht auf eigener Leistung beruhe, sei unzulässig, daher zu weit gehe.

86 aaO. S. 116

im wirtschaftlichen Wettbewerb ohnehin nicht die gleichen. Aus der unterschiedlichen Leistungsfähigkeit und Kapitalkraft ergeben sich Ungleichheiten. Auch wirken sich die in einer arbeitsteiligen Wirtschaft bestehenden Interdependenzen auf die Leistung aus. Wohl haben aber die äußeren Schranken für alle Wettbewerber Geltung. Keiner genießt grundsätzlich eine Sonderstellung".[87]

Aus dieser Mehrdeutigkeit des Begriffs Leistung kommt Hefermehl notwendig zu der Mehrdeutigkeit des Begriffs "Leistungswettbewerb".

Er unterscheidet

- den Leistungswettbewerb als Ordnungsprinzip für die Koordinierung der Beziehungen zwischen den Marktbeteiligten; dieses hat Steuerungsfunktion und ist ein wettbewerbspolitischer Begriff auf dem Gebiet der Wirtschaftspolitik.
- Leistungswettbewerb kann zum anderen die erstrebte Form des wettbewerblichen Handelns einzelner Unternehmer kennzeichnen, die Geschäftsabschlüsse mit Dritten auf dem Markt suchen; dann dient er dazu, den Rechtsbegriff der "guten Sitten" in § 1 UWG wettbewerbsgerecht zu begreifen.[88]

Diese Wettbewerbshandlungen sind nicht isoliert, sondern im Rahmen einer einheitlichen Wettbewerbsordnung zu beurteilen, die außer den Interessen der Mitbewerber auch die der Verbraucher und der Allgemeinheit schützt. Für diesen Leistungswettbewerb ist die Freiheit aller Marktteilnehmer unerläßlich, die Freiheit, seine Leistung ungehindert auf dem Markt anzubieten und für sie zu werben, damit der Kunde die

---

87 Baumbach-Hefermehl, aaO. Rdnr 97; diese Grundsätze stützt Hefermehl auch auf zwei Urteile, BGH GR 6o, 431/433 (Kfz-Nummernschilder) und 7o, 523 (Telefonwerbung)

88 Baumbach-Hefermehl, aaO. Rdnr 98

Amgebote vergleichen und die Leistung wählen kann, die nach Preis, Qualität, Kondition u.a. als die günstigste erscheint; dieser Wettbewerb ist ein "Parallelwettbewerb", wie ihn schon Lobe und Böhm beschrieben haben.[89]

Allerdings besitzt der Kunde häufig nicht die Sachkunde und Urteilsfähigkeit, die er für seine schiedsrichterliche Entscheidung braucht; er handelt oft gefühlsmässig, aus Bequemlichkeit oder aufgrund persönlicher Beziehungen. Hefermehl nennt es zutreffend die "Crux des Leistungsprinzips, daß seine Verwirklichung nicht ohne weiteres gewährleistet ist. Eine verläßliche Aufklärung des Verbrauchers über die Marktlage, insbesondere über Testergebnisse ist deshalb geboten, um ihn in die Lage zu versetzen, aufgrund sachkundiger Entscheidung für ihn günstigste Angebote zu wählen."[9o]

Diesen Teil abschließend stellen wir die von Merz aufgestellte, ähnliche Dreiteilung der Begriffsbestimmung des Leistungswettbewerbs dieser Zweiteilung gegenüber:

- Ordnungspolitische Kategorie, die durch eine bestimmte historische Entwicklung bedingt war und die Flucht der industriellen Wirtschaft aus dem Wettbewerb verhindern und Marktmißbräuche von Kollektiven bekämpfen sollte; eine bestimmte ordnungspolitische Vorstellung wird als Leistungswettbewerb bezeichnet.
- Leistungswettbewerb als Unterfall des Wettbewerbs; diese so abgegrenzte Gruppe von Wettbewerbshandlungen ist nicht geeignet, eine Konkretisierungshilfe für Einzelfallentscheidungen abzugeben.

---

89 aaO. Rdnr 98; Böhm, Franz, aaO. S. 212 ff

9o Baumbach-Hefermehl, Rdnr 98; damit spricht er das an, was in Frankreich die "transparence du marché" genannt wird.

- Leistungswettbewerb als Entsprechung für das Leistungsprinzip ist eine untaugliche Bestimmung, da unterschiedliche Vorstellungen von dem "Leistungsprinzip" verschiedene Thesen zum "Leistungswettbewerb" hervorbringen.[91]

Die beiden ersten Bestimmungen des Leistungswettbewerbs bei Hefermehl und Merz decken sich beinahe: Sie meinen den Leistungswettbewerb als eine wirtschaftspolitische Richtschnur innerhalb der Wirtschaftspolitik, genauer und enger ausgedrückt als Ordnungsprinzip der Wettbewerbsordnung; letztere kann vorwiegend den Zustand des Marktes als eines Teiles der Wirtschaftsordnung -wirtschaftswissenschaftliche Analyse- meinen oder vorwiegend die rechtliche Struktur dieser Wettbewerbsordnung. Für zutreffend halten wir die Verbindung beider Gesichtspunkte: die wettbewerbs- und kartellrechtlich "verfaßte" Wettbewerbsordnung.

Mit der zweiten Bestimmung beschreibt Hefermehl die den "guten Sitten" entsprechende, also zulässige einzelne Wettbewerbshandlung, das rechtmässige Verhalten im konkreten, zu wertenden Fall -das Individualverhalten- als Leistungswettbewerb.

Merz meint mit seiner Definition etwa dasselbe und fügt -und damit geht er über die Begriffsbestimmung hinaus- die These hinzu, diese Gruppe von Wettbewerbshandlungen sei nicht grundsätzlich als Leistungswettbewerb zulässig, -wie Nipperdey behauptet-, da keine "Hilfe", d.h. keine eindeutige Norm zur rechtlichen Subsumption bezüglich des Einzelfalles gegeben werde. Er spricht damit der bloßen Begriffsbestimmung die Eignung zur Rechtsfindung ab.

Die dritte Definition bei Merz stellt lediglich die beiden

91 Merz, aaO. S. 271, 272 und dort zitierte Literatur

Begriffe "Leistungswettbewerb" und "Leistungsprinzip" gegenüber. Lassen sich diese beiden Wortbildungen in einer rechtlich verwertbaren Weise sauber voneinander unterscheiden? Wir verneinen das.
Ein Beispiel:
Wir unterscheiden den "Leistungslohn" von dem "Zeitlohn"; mit "Leistungslohn" meinen wir die Anwendung des Grundsatzes, nach dem der wirtschaftliche Wert einer Leistung der alleinige Maßstab für ihre Bezahlung ist; der "Zeitlohn" dagegen wird nach der aufgewandten Zeit für die erbrachte Leistung, eine Dienstleistung, bemessen, ohne Rücksicht auf die Güte und Art der "Leistung".

In diesem Sinne läßt sich feststellen, besonders in der Marktwirtschaft werde das "Leistungsprinzip" durch den Preisbildungsprozeß auf einem Markt mit vollkommener Konkurrenz verwirklicht.

In ähnlicher Weise unterscheiden die Juristen die Begriffe "leistungsgerecht" und "leistungswidrig" oder leistungskonform und leistungswidrig; sie behaupten, ein bestimmtes Wettbewerbsverhalten in einer bestimmten Situation sei noch "Leistungswettbewerb" und deshalb gem. § 1 UWG zulässig und den "guten Sitten" entsprechend, ein anderes Wettbewerbsverhalten sei nicht mehr durch das "Leistungsprinzip" gedeckt und deshalb unzulässig und vom Richter zu untersagen.

Unsere Sprache kennt auch Begriffe wie "Fehl-Leistung" oder "Schein-Leistung"; sie verbindet also "Leistung" nicht immer und begriffsnotwendig mit einer positiven Wertung, sondern auch Negationen der echten Leistung verknüpft sie manchmal mit

"Leistung".[92]

Wir kommen demnach zu dem Ergebnis, daß der von Merz der Zweiteilung von Hefermehl hinzugefügte Begriff "Leistungsprinzip" für die Rechtsanwendung im Einzelfall keinen Gewinn bedeutet, da er nicht juristisch genügend präzise von "Leistungswettbewerb" zu scheiden ist, und beide Begriffe an ihren Grenzen verschwimmen und für die Konkretisierung keinen Vorteil bei der Rechtssprechung bringen.

Wir bejahen den besonderen Wert der von uns -mit einer gewissen Skepsis des Praktikers- als "begriffsjuristisch" bezeichneten Methode der Definition von Rechtsbegriffen im Wettbewerbsrecht. Diese Methode wird unentbehrlich bleiben, um den Studenten der Rechtswissenschaft in das wissenschaftliche Denken und Argumentieren einzuführen und in der Anwendung von gesetzlichen Bestimmungen einzuüben. Wir gehen jedoch der Frage nach, ob eine mehr pragmatische, an den Grundsätzen der Rechtsprechung sich orientierende und aus der Erfahrung des Wettbewerbs lernende Einstellung für die Rechtsprechung und

---

92 Unsere Sprache gestattet folgende Aussage:
"Die von A produzierte Ware ist zwar billiger, aber auch qualitativ schlechter als die ähnliche, von B gefertigte Ware. Der Erfolg des A auf dem Markt ist nur durch seine geschickte Werbung begründet. Das ist eine Leistung, die Verdrängung der besseren Waren durch die schlechteren."
Im Sinne der Begriffe Nipperdey's hat A über B nicht durch eine "wahre, echte Leistung" im Leistungswettbewerb gesiegt, sondern er hat den Absatz der Produkte des B durch Werbung "behindert". Es dürfte also rechtlich darauf ankommen, ob die Abnehmer durch die Werbung getäuscht, irregeführt und dadurch zum Kauf veranlaßt worden sind. Der Beweis dafür dürfte im Prozeß schwer zu führen sein, wenn A jeden Vergleich mit den Waren des B vermieden hat und keine bestimmte Güte seiner Ware zugesichert hat. M.E's werden Nipperdey's Begriffe dem Richter wenig zur Rechtsfindung helfen. Vgl. den Benrather Tankstellenfall. Wo liegt kein zulässiger Leistungswettbewerb mehr vor, wo beginnt der rechtswidrige "Behinderungswettbewerb"?

die Entscheidungen des Bundeskartellamtes Vorteile bietet. Hat sich diese Haltung im französischen Wettbewerbsrecht in einer mehr kasuistischen Betrachtungsweise mehr durchgesetzt als im deutschen Recht? Diese Frage erscheint mir gerade für die Anwendung und Fortbildung des Wettbewerbsrechts interessant, in dem ohnehin nicht der Dogmatiker und Systematiker, sondern der Richter vorangehen muß und Vorentscheidungen für den Gesetzgeber in seinen rechtskräftigen Urteilen ausspricht.

Aus dem umfangreichen Schrifttum zitiere ich als Stütze meiner vorstehenden Behauptungen die Meinung Benischs, der zu den Beratungen des Bundestages über Entwürfe des GWB vor dessen Erlaß bezüglich der "echten Leistung" festgestellt hat: "Leistungswettbewerb ist ein Begriff, dem der Sprachgebrauch verschiedene Bedeutung beimißt und der auch in der Theorie mit gewissen Nuancierungen verwandt wird."[93]

Anknüpfend an das oben besprochene Benzinkampfurteil des RG's führt er aus: "Problematisch erscheint, was unter der eigenen Leistung im Sinne der Definition Nipperdey's zu verstehen ist. Rechnen hierzu nur solche Arbeitsergebnisse, die völlig aus eigener Kraft, aus eigenen Ideen und mit eigenen finanziellen Mitteln geschaffen sind? Sehr deutlich zeigen sich die Abgrenzungsschwierigkeiten bei der Nachahmung von fremden Erfindungsergebnissen, Gestaltungsideen oder sonstigen Schöpfungen, die durch gewerbliche Schutzrechte nicht gesichert sind. Wenn man hier -im Gegensatz zur bisherigen UWG-Rechtsprechung- einen zu engen Maßstab für die "eigene" Leistung zöge, würden einer expansiven Wettbewerbswirtschaft bedenkliche Hemmschuhe angelegt werden. Ähnliche Schwierigkeiten ergeben sich bei der Beurteilung der ökonomischen Grundlagen

---

93 Benisch, Werner, Zur Problematik eines gesetzlichen Schutzes des Leistungswettbewerbs, in Ztschr. Wirtschaft und Wettbewerb, 1955, S. 421 - 423, 424

einer Leistung. Sicherlich liegt keine eigene Leistung vor, wenn die Finanzkraft aus der Nichterfüllung der Pflichten gegenüber dem Steuerfiskus, den Gläubigern und den Angestellten herrührt ... Eine Lösung dieser Grenzprobleme kann aus der Alternative eigene oder fremde Leistung kaum befriedigend getroffen werden; vielmehr müssen hierzu ethische und nationalökonomische Überlegungen herangezogen werden .... Unterschiedliche Auffassungen bestehen in der Literatur zu der Frage, in welchem Verhältnis der Begriff des Leistungswettbewerbs zu dem des lauteren bzw. unlauteren Wettbewerbs steht."

In seinem Gutachten zum Benzinkampf bringt Nipperdey zum Ausdruck, daß Leistungswettbewerb selbst dann nicht gegen die guten Sitten verstößt, wenn er von einer bewußten und gewollten Schädigung von Mitbewerbern begleitet wird (Nipperdey rechnet zum Leistungswettbewerb nicht den leistungsverfälschenden, den eigentlich unlauteren Wettbewerb).... Diese Auffassung vertritt offenbar auch der BGH in seinem Urteil vom 03. Dezember 1954 (WuW 55, 264) zum System der progressiven Kundenwerbung, in dem er feststellt, daß unlautere Methoden dem Prinzip des Leistungswettbewerbs fremd sind .... Dagegen erklären Baumbach-Hefermehl (...), daß nicht jeder Leistungswettbewerb erlaubt sei. Dies mit Recht(...), denn auch die günstigste Leistung darf nicht durch sittenwidrige Begleitumstände (z.B. durch Bestechen von Angestellten) zum Zuge kommen.

Böhm hat dagegen seine Definition des Leistungswettbewerbs in der Weise auf die lauteren Tatbestände beschränkt, daß der Erfolg nur mittels "rein psychologischer Einwirkung auf den freien Willen des Kunden durch vergleichsweise Zurschaustellung der Leistung" herbeigeführt werden darf. Er bezeichnet daher auch den unlauteren Wettbewerb als Unterfall des Nichtleistungswettbewerbs ....[94]

---

94 Benisch zitiert Böhm, aaO. S. 74 in "Wettbewerb und Monopolkampf"

Schon in der Mitte der 6oiger Jahre spricht Benisch von der "sozial gebundenen Leistung": Die folgende Darlegung trifft einen wesentlichen Punkt und ist heute ebenso wahr wie damals: "Der Mensch in seiner Eigenschaft als Verbraucher ist ebenso "Interessent" wie in seiner Eigenschaft als Arbeitnehmer oder als Unternehmer. Entscheidend ist daher für den Leistungswettbewerb nicht die Verbraucherauffassung, sondern die des im Rahmen der Gesamtwirtschaft denkenden Staatsbürgers, die sich wiederum in den verfassungsmässigen Organen unseres demokratischen Staatswesens konkretisiert".[95]

Sein Ergebnis faßt Benisch schlicht und sachlich zusammen: "Schutzwert erscheint der Leistungswettbewerb nur dann, wenn die folgenden Voraussetzungen erfüllt sind:

a) Der Wettbewerb darf nicht unlauter sein und
b) nicht unter Mißbrauch einer wirtschaftlichen Machtstellung ausgeübt werden.
c) Er muß auf gemeine Belange Rücksicht nehmen und darf insbesondere nicht ruinös im volkswirtschaftlichen Sinne geführt werden".[96]

Unser Verfasser hält eine allgemein gefaßte Generalklausel für notwendig und rückt die zu § 1 UWG entwickelte Kasuistik in das Zentrum des Wettbewerbsrechts. Im Gegensatz zu der Ansicht Nipperdey's[97] führt er aus, der Zweck der Existenzvernichtung oder Existenzgefährdung mache die Wettbewerbshandlung sittenwidrig; diese Meinung werde vom RG in zwei Urteilen geteilt.[98] "Keinesfalls dürfte jedoch eine Ausdehung des Wettbewerbsschutzes in der Weise erfolgen, daß über den

---

95 Benisch, aaO. S. 425

96 aaO. S. 426

97 Nipperdey, Wettbewerb und Existenzvernichtung, S. 14 ff

98 RGZ 1o4, 33o; 118, 89

Vernichtungszweck hinaus auch der bloße Eintritt einer entsprechenden Wettbewerbsfolge als unzulässig erklärt würde. Dies widerspräche dem Sinn des Wettbewerbs, dessen natürliche und gewollte Folge es ist, daß Marktteilnehmer ausscheiden, deren Leistungen mit der Entwicklung der Wirtschaft nicht Schritt zu halten vermögen".[99]

C Leistungswettbewerb in der sozialen Marktwirtschaft

I Die wirtschaftspolitische Neutralität des Grundgesetzes

Als die beiden extremen Möglichkeiten einer Wirtschaftsverfassung stehen sich die völlig freie oder "liberalistische" Marktwirtschaft und die staatliche Planwirtschaft -auch Zentralverwaltungswirtschaft genannt- gegenüber. Zwischen beiden stehen nach der Systematik Nipperdey's die "gemischte" Wirtschaftsverfassung der Neutralität, die die Gefahren durch Eingriffe des Staates und Privater in den Wirtschaftsablauf durch Kartelle oder marktbeherrschende Unternehmen nicht ausschließt. Dieses System der wirtschaftsverfassungsrechtlichen Neutralität entspricht zwar im allgemeinen liberalen Staatsverfassungen wie unserem GG, wie Nipperdey ausdrücklich zugibt; trotzdem entscheidet er sich für eine vierte, in der Bundesrepublik geltende Wirtschaftsordnung der sozialen Marktwirtschaft auf der Grundlage des Art. 2 Abs. 1 GG und des Sozialstaatsprinzips (Art. 2o Abs. 1, 28 Abs. 1 GG), also gibt er dieser Wirtschaftsordnung Verfassungsrang.[100] Das bedeutet mit anderen Worten ausgedrückt, daß Nipperdey behauptet, nur die gegenwärtig geltende "soziale Marktwirtschaft" entspreche unserer Verfassung; das hieße notwendig in der Schlußfolgerung, daß jede Abweichung von dieser Wirtschaftsverfassung verfassungswidrig und deshalb rechtswidrig wäre. Wieviel

---

99 Benisch, aaO. S. 429

1oo Nipperdey, H.C., Soziale Marktwirtschaft und Grundgesetz, in Kartellrundschau, Heft 2, 1965, S. 19

überflüssige Streitereien wären durch eine solche Rechtsauffassung in die Wirtschaft getragen, die in der Regel schon deshalb nicht überzeugend entschieden werden könnten, weil kaum ein unstrittiger Sachverhalt, den beide Parteien anerkennen würden, zustandekommen dürfte. Außer diesem, nur die Praktikabilität bestreitendem Grunde ist diese These Nipperdey's materiell-rechtlich nicht zu halten, nach meiner Auffassung.

Wir mißverstehen die Doktrin Nipperdey's nicht, da er mit eindeutigen Worten aussagt, "von Verfassungs wegen" gelte das Prinzip des freien Wettbewerbs, der "Spontaneität" in der Wirtschaft.

Im Gegensatz zu einer neutralistischen Wirtschaftsverfassung hält er Staatseingriffe in den Wirtschaftsablauf an die "in der Verfassung selbst vorgesehenen strengen Grenzen gebunden;" diese Eingriffe sollen also nicht nur dem Vorbehalt des Gesetzes unterliegen, sondern es soll im Einzelfall entschieden werden, ob die Wettbewerbshandlung in den Grenzen des GG's bleibt.

Unmißverständlich führt Nipperdey weiter aus: Sie ist soziale Marktwirtschaft, d.h. aus dem Sozialstaatsprinzip des GG's ergeben sich von vorneherein unmittelbare Grenzen der Freiheit des einzelnen im Interesse des sozialen Ausgleichs, wie auch ein Maßstab für Eingriffe des Staates in den Wirtschaftsablauf, die insoweit nicht nur sein legitimes Recht, sondern verfassungsrechtliche Pflicht sind.[1o1]

Weil die Sicherung eines umfassenden Wettbewerbs garantiert ist, gilt der Wettbewerb als Ordnungsprinzip auch für die Unternehmer selbst als Pflicht, so daß diese ihn nicht beseitigen oder einschränken können. In einem Wunschdenken,

---

1o1 aaO. S. 19, 2o

weit entfernt von der Wirklichkeit meint der Autor, dadurch könnten im Interesse der Verbraucher die Preise angemessen und stabil gehalten werden "und es kann bereits damit allerwichtigste Sozialpolitik betrieben werden." Das System selbst werde völlig denaturiert, und der freie Markt beseitigt, wenn "die Beteiligten selbst, gestützt auf Vertragsfreiheit und Vereinigungsfreiheit, durch Kartelle, namentlich Preisabreden und Kontingentierung, durch wettbewerbsfremde Kampfmethoden, durch Schaffung von Monopolen und Oligopolen die Funktion des Preises, den wirtschaftlichen Prozeß zu steuern, ausschalten. Mit aller Klarheit formuliert der Rechtslehrer als Ergebnis dieser wirtschafts- und verfassungsrechtlichen Studie: "Entscheidend ist deshalb, daß im GG Normen und Verfassungsgrundsätze enthalten sind, die für den wirtschaftlichen Bereich sowohl die staatliche Planwirtschaft wie auch die freie Wirtschaft, aber auch den Neutralismus ausschließen und zugleich -im Zusammenhang betrachtet- die soziale Marktwirtschaft konstituieren".[1o2]

Die rechtliche Basis für so weit reichende Grundsätze sollen die nur das Grundrecht des allgemeinen Persönlichkeitsrechtes konstituierenden Worte der Verfassung sein: "Jeder hat das Recht auf freie Entfaltung seiner Persönlichkeit, soweit er nicht die Rechte anderer verletzt und nicht gegen die verfassungsmäßige Ordnung oder das Sittengesetz verstößt." (Art. 2 Abs. 1 GG)

Welche Art wissenschaftlicher, juristischer Auslegung soll von diesem Grundrecht zu den wiedergegebenen, konkreten, wettbewerbsrechtlichen Normen führen?

1o2 Nipperdey, aaO. S. 25; an Literatur wird der Franzose Jaques Rueff genannt;
Müller-Armack, Soziale Marktwirtschaft nach einem Jahrzehnt ihrer Erprobung, Heft 2/3, 1959, der Schriften des Instituts der Wirtschaftspolitik an der Universität Köln, S. 14, dessen Auffassung Nipperdey billigt.

Das dem Art. 2 Abs. 1 GG entsprechende grundsätzliche Kartellverbot nennt Nipperdey ein "entscheidendes Charakteristikum der sozialen Marktwirtschaft", durch das sie diese von der freien Marktwirtschaft unterscheidet. Er behauptet: "Mit der Wettbewerbsfreiheit hängt das Prinzip des Leistungswettbewerbs notwendig zusammen. Art. 2 Abs. 1 GG gestattet nur den Leistungswettbewerb, d.h. die Wettbewerbshandlungen, die in der Förderung des Absatzes mit den Mitteln der eigenen Leistung nach Qualität, günstiger Preisgestaltung und fairer Werbung bestehen, nicht den leistungsverfälschenden eigentlich unlauteren Wettbewerb und nicht den Behinderungswettbewerb durch Sperre oder Boykott, da diese Wettbewerbsformen die in Art. 2 Abs. 1 GG gezogenen Grenzen überschreiten, der Behinderungswettbewerb speziell die ebenso geschützte Entfaltungsfreiheit des Gegners tangiert. Der Leistungswettbewerb ist sozialadäquat".[1o3] Der letzte Satz ist sicherlich griffig und beeindruckend, rechtlich bleibt er eine unbewiesene Behauptung.

Die Konsequenz der weiteren Ausführungen kann niemand bestreiten: Die Kartellierten erlangen durch ihr Zusammenwirken im Wege der Einschränkung der eigenen Wettbewerbsfreiheit gegenüber den Marktgegnern und zahlreichen anderen Wirtschaftsbeteiligten, vor allem den Verbrauchern, einen zusätzlichen Bewegungs- und Erfolgsspielraum, der zugleich den der anderen einschränkt und auch einschränken soll. "Damit richten sich aber die Kartelle gegen das verfassungsmäßige Grundprinzip der Wettbewerbsfreiheit selbst, das absolut unentbehrlich für das Funktionieren der Marktwirtschaft ist."[1o4]

1o3 aaO. S. 39; weiter bezieht sich der Verfasser auf Röper, Zur Verwirklichung des Leistungswettbewerbs, Schriften des Vereins für Sozialpolitik, N.F. 18, 196o

1o4 Nipperdey, aaO. S. 62

Weiter konsequent argumentierend, aber ohne überzeugende Begründung geht der Autor so weit, daß er der Wettbewerbsfreiheit in diesem Sinne Vorrang vor der Vertragsfreiheit einräumt; schwer einzusehen, daß der das gesamte Zivilrecht beherrschende Grundsatz der Vertragsfreiheit zurücktreten soll gegenüber dem Freiheitsgrundsatz, beschränkt auf seine Anwendung als Wettbewerbsnorm des Marktes.

Schließlich ist kennzeichnend für die Schwäche der angeführten Thesen, daß diese auf keine höchstrichterliche Rechtsprechung gestützt werden können; Nipperdey betont lediglich, das Bundesverfassungsgericht habe sich an keiner Stelle dazu bekannt, daß der staatliche Dirigismus für den Bereich des Wirtschaftslebens rechtlich unbeschränkt zulässig sei. Ich zitiere wörtlich: "Zwar hat es ausgesprochen, daß das GG wirtschaftspolitisch neutral sei, und daß der Gesetzgeber demgemäß jede ihm als richtig erscheinende Politik verfolgen dürfe. Diesem Grundsatz hat das BVerfG jedoch sofort die Forderung hinzugefügt, daß der Gesetzgeber dabei das GG zu beachten habe, und ihn damit entscheidend eingeschränkt".[1o5]

An keiner Stelle seiner Darlegungen hat der Autor die Brücke von den ganz allgemeinen verfassungsrechtlichen Positionen zu seinen sehr konkreten wettbewerbsrechtlichen Normen gebaut.

Im Ergebnis überzeugt mich die Beurteilung J.F. Baur's, daß unsere Verfassung die Wirtschaftsordnung auf kein bestimmtes wirtschaftsrechtliches System festgelegt hat, "in dem der Wettbewerbsfreiheit Vorrang vor sonstigen Handlungsfreiheiten zukommt, die Wettbewerbsfreiheit mit Drittwirkung gegenüber den intermediären Gewalten des Wirtschaftslebens ausgestaltet und somit als Tauschgerechtigkeit verstandene Vertragsfreiheit

---

1o5 Nipperdey, aaO. S. 31

von Verfassungs wegen institutionell verbürgt ist. Mit der ganz herrschenden Meinung und dem Bundesverfassungsgericht ist vielmehr davon auszugehen, daß dem GG keine verbindliche Entscheidung für ein bestimmtes Wirtschaftsmodell entnommen werden kann .... Die Gestaltung der Wirtschaftsordnung obliegt dem gesetzgeberischen Ermessen, ist im Prinzip politische Zweckmäßigkeitsentscheidung".[1o6]

Läßt sich dieser negativen Schlußbewertung nicht -auch im juristischen, nicht nur wirtschaftspolitischen Verständnis- zufügen: Die die Wirtschaftsordnung im allgemeinen betreffenden Grundgesetzbestimmungen sind in fast idealer Weise durch die gegenwärtig in der Bundesrepublik geübte "soziale Marktwirtschaft", die den Leistungswettbewerb der Konkurrenten verlangt, erfüllt. Deshalb haben wir unter unserem Thema die Thesen dieser Schrift des Kölner Rechtslehrers, der später das Bundesarbeitsgericht in Kassel geleitet hat, wiedergegeben.

II Der "leistungsgerechte Wettbewerb" in § 28 GWB

Lange bevor der "Leistungswettbewerb" in der vorstehenden abgewandelten Form in ein Wettbewerbsgesetz aufgenommen wurde, hat es bereits einen allerdings gescheiterten Versuch gegeben, den Begriff in den Rang eines Gesetzes zu erheben. Um § 1 UWG zu konkretisieren, hat eine Gruppe von Abgeordneten den "Entwurf eines Gesetzes zur Sicherung des Leistungswettbewerbs vom 05.07.1949" eingebracht.[1o7]

Die Mehrheit der Abgeordneten hielt dieses Gesetz für überflüssig, da § 1 UWG sich als genügend flexibel erwiesen

---

1o6 Baur, Jürgen F., Der Mißbrauch im deutschen Kartellrecht, 1972, S. 64

1o7 Dieser sog. "Josten-Entwurf" ist teilweise aufgenommen worden in Klaue, Lampe, Markert, Petry, Reiniger: Zur Problematik der Fusionskontrolle, Frankfurt, 1971, S. 133 ff habe, um auch neue Formen leistungsfremden Wettbewerbs zu bekämpfen. Die weitere Entwicklung der Rechtsprechung zu § 1 UWG hat diese Meinung der Mehrheit bestätigt. Trotzdem sind die Bestrebungen in dieser Richtung, selbst nach der Einführung des § 28 Abs. 2 GWB im Jahre 1973[1o8] nicht aufgegeben worden. Eine Gruppe von Abgeordneten der CDU/CSU Fraktion hat den Gesetzentwurf zur Änderung des UWG am 22.03.1978 eingebracht; dieser Entwurf sollte u.a. über § 1 UWG auch Handlungen untersagen, die geeignet sind, der Wirksamkeit eines leistungsgerechten Wettbewerbs entgegenzuwirken.[1o9] Auch dieser Entwurf fand keine Mehrheit im Parlamant.

Die bereits angeführten Wettbewerbsregeln, die Spitzenorganisationen der gewerblichen Wirtschaft und mehrere gewerbliche Verbände herausgegeben haben, sind in § 28 Abs. 1 GWB vorgesehen worden. Die frühere Fassung des § 28 Abs. 2 hat den Inhalt der Wettbewerbsregeln und ihren Zweck dahin bestimmt, daß diese einem "den Grundsätzen des lauteren Wettbewerbs zuwiderlaufenden Verhalten entgegenzuwirken" bestimmt sind. Die 2. Kartellgesetznovelle von 1973 hat nur dem "lauteren" die Worte "oder der Wirksamkeit eines leistungsgerechten Wettbewerbs" hinzugefügt.[11o]

1o8 BGBl 1973, I, S. 917

1o9 BT-Drucksache 8/167o, S. 1, 4;
dazu Merkel BB 1977, S. 7o5 ff und 1176 ff;
Merz aaO. S. 27o

11o Westrick/Loewenheim, Gesetz gegen Wettbewerbsbeschränkungen, Kommentar, 1981, Herne/Berlin, zu § 28 Abs. 2 GWB, der lautet: "Wettbewerbsregeln im Sinne dieser Vorschriften sind Bestimmungen, die das Verhalten von Unternehmen im Wettbewerb regeln zu dem Zweck, einem den Grundsätzen des lauteren oder der Wirksamkeit eines leistungsgerechten Wettbewerbs zuwiderlaufenden Verhalten im Wettbewerbsrecht entgegenzuwirken und ein diesen Grundsätzen entsprechendes Verhalten anzuregen."

Der Gesetzgeber von 1973 hält also nicht jeden "lauteren Wettbewerb" für "leistungsgerecht." Daraus folgt zwingend die Schlußfolgerung: Nicht jeder lautere Wettbewerb ist als leistungsgerechter Wettbewerb zulässig, wie Nipperdey meinte; sonst wäre die Zufügung überflüssig gewesen. Sie fördert die Verzahnung des UWG-Rechtes mit dem GWB-Recht. Im Gegensatz zu dem zivilrechtlichen, dem Individualschutz dienenden Begriff "lauterer Wettbewerb" stellt der Begriff "leistungsgerechter Wettbewerb" auf den Schutz des Wettbewerbs "als wirtschaftspolitisches Ordnungsprinzip" ab und dient dem Institutionsschutz. In der Literatur zum GWB findet sich die Behauptung, das Motiv des Gesetzgebers sei der Schutz kleiner und mittlerer Unternehmen, d.h. des selbständigen Mittelstandes gewesen. "Schutzobjekt ist ein funktionsfähiger, wirksamer Wettbewerb. Die Grenzen zwischen "leistungsgerechtem" und "leistungsfremden" Wettbewerb sind noch schwieriger zu ziehen als zwischen lauterem und unlauterem Wettbewerb.[111]

Die Bestimmung des § 28 GWB gibt uns folglich keinen Hinweis auf eine positive Beantwortung unserer Frage nach dem Rechtsgut, der ratio legis des Wettbewerbsrechts; sie ist vorwiegend wirtschaftspolitisch und nicht rechtssystematisch zu verstehen.

Wir folgen damit der Meinung Mestmäckers, der mit seiner Darlegung den Nagel auf den Kopf trifft: Der leistungsgerechte und der freie Wettbewerb, den das GWB schützt, sind keine deckungsgleichen Begriffe. Die Vorschrift des § 28 GWB ist wie andere Ausnahmen vom Kartellverbot eng auszulegen. Sie ist nicht analogiefähig für die Auslegung des GWB im Ganzen. Er weist darauf hin, daß der Mißbrauch einer marktbeherrschenden

---

111 Langen, Eugen, Kommentar zum Kartellgesetz, 6. Aufl., 1982 zu § 28 Rdnr 21

Stellung ohne leistungswidriges Verhalten vorliegen kann, wenn das Unternehmen z.B. den Wettbewerb beschränkt oder den Zugang zum Markt behindert. Seine Auffassung stützt Mestmäcker auch auf die Rechtsprechung des BGH, insbesondere eine Entscheidung vom 27.01.1981.[112]

D Der Begriff "Leistungswettbewerb" als unbestimmter Rechtsbegriff bezeichnet nicht den Gesetzeszweck ("Rechtsgut") des Wettbewerbsrechts

Die Antwort auf die Frage dieses Kapitels fällt uns wie ein reifer Apfel in den Schoß. Wir geben sie zunächst mit den Worten des ehemaligen Erzbischofs von Köln, Kardinal Höffner, der zuvor als Hochschullehrer in Münster tätig war: Er nennt "Leistungswettbewerb" nur "ein nützliches Ordnungsmittel, aber nicht das regulative Prinzip der Wirtschaft." Als Kölner wählen wir diesen Zeugen, den Soziologen, um anzumerken, daß u.E's die "soziale Marktwirtschaft" sich wesentlich von dem laissez-faire-Konzept des Liberalismus unterscheidet. Die soziale Marktwirtschaft der Bundesrepublik Deutschland ist mehr als ein neues Etikett, eine neue Verpackung, deren Inhalt letztlich nur der pure Liberalismus ist.[113]

Als tragfähige Grundlage für unsere negative Antwort wählen wir Ausführungen des Sondergutachtens der Monopolkommission von 1977, deren Vorsitzender zeitweise Mestmäcker war. Dieses Gutachten berichtet das Ergebnis der bereits erwähnten "Arbeitsgruppe Leistungswettbewerb" des Bundeswirtschaftsmi-

---

112 Mestmäcker, aaO. S. 152, 154, 155 und S. 25;

Zur bezogenen Rechtssprechung des BGH: BGH 27.01.1981, in Wirtschaft und Wettbewerb, Entscheidungssammlung BGH 1787, "Garant"

113 Höffner, Joseph, Ein humanes Leitbild für die Menschen, Frankfurter Allgemeine Zeitung vom 17.05.1986, zitiert nach Freitag, Karl-Heinz, Marktwirtschafts-Ethik; eine ordnungstheoretische Annäherung in "Beiträge zur Gesellschafts- und Bildungspolitik", Institut der deutschen Wirtschaft, Köln, 1987

nisteriums, deren Ziel es war, Vorschläge zur Sicherung des Leistungswettbewerbs zu erarbeiten. "Sie kam zu dem Ergebnis, daß der Begriff Leistungswettbewerb als Rechtsbegriff für konkrete gesetzliche Verbote und Gebote nicht geeignet sei und daher zunächst branchenweise festgestellt werden müsse, was unter dem unbestimmten Rechtsbegriff zu verstehen sei."[114]

Das Gutachten zitiert aus der Begründung zum Regierungsentwurf (Änderung des § 28 Abs. 2), welche Vorstellungen der Gesetzgeber mit dem Begriff Leistungswettbewerb verband: "Die Neufassung soll insbesondere kleinen und mittleren Unternehmen dabei helfen, Wettbewerbspraktiken entgegenzuwirken, die dem Gedanken des Leistungswettbewerbs zuwiderlaufen. Der Begriff "leistungsgerechter Wettbewerb" zielt auf den Schutz des Wettbewerbs ab, der im Gesetz gegen Wettbewerbsbeschränkungen als wirtschaftspolitisches Ordnungsprinzip verankert ist. Der Ausdruck "leistungsgerechter Wettbewerb" ist ein wirtschaftspolitischer, auf Institutionsschutz gerichteter Begriff." Dann führt die Begründung Beispiele für einen Nicht-Leistungswettbewerb an (ein bestimmter Verdrängungswettbewerb, Gewährung von Treuerabatten), die einer Monopolisierung des Marktes Vorschub leisten. Wettbewerbsregeln sind auch zur Verlangsamung eines überstürzten, übermässigen Konzentrationsprozesses möglich. Tendenziell können in Wettbewerbsregeln alle Verhaltensweisen ausgeschlossen werden, die Entwicklungen begünstigen würden, denen auch § 22 (Bekämpfung des Mißbrauchs von Marktmacht) entgegenwirken will.[115]

---

114 Sondergutachten der Monopolkommission, Bd. 7, "Mißbräuche der Nachfragemacht und Möglichkeiten zu ihrer Kontrolle im Rahmen des GWB", Baden-Baden, 1977, Nr. 36, 37 (S. 24, 25)

115 BT-Dr. VI/252o, 34

Wir wiederholen, die vorstehenden Ausführungen sind nicht irgendwelche Meinungen aus dem Schrifttum, sondern die regierungsamtliche Begründung des Gesetzgebers, die bis heute maßgeblich geblieben ist.

Zur fast schon entbehrlichen Absicherung unserer verneinenden Antwort auf die Frage unserer Untersuchung führe ich noch zwei Meinungen aus der überreichlichen Literatur an: Hönn nennt den Begriff des Leistungswettbewerbs "außerordentlich unscharf." Er bezeichne die "idealtypisch erwünschte Form von Wettbewerb, wobei freilich unklar ist, wo im einzelnen die Grenzen liegen sollen." Er berichtet, der Begriff werde teilweise synonym mit dem des lauteren Wettbewerbs gebraucht, oder man sieht in der Leistungsgerechtigkeit zumindest ein Indiz für die Lauterkeit. Obwohl Hönn behauptet, Baumbach-Hefermehl vertrete in der 11. Aufl. 1974 diese Auffassung, können wir nach dem Vorstehenden dazu nur bemerken, daß diese Meinungen unzutreffend sind. "Möglich erscheint lediglich ein gewisser Schutz vor allem kleiner und mittlerer, im Einzelfall auch größerer Unternehmen, gegenüber einer Ausnutzung übermäßiger Angebots- und Nachfragemacht. Da die Wirksamkeit des Wettbewerbs nicht beeinträchtigt werden darf, läßt sich der Wettbewerbsdruck als solcher nicht vermindern".[116]

Peter Ulmer stellt schon 1977 "stark konvergierende Züge" des UWG- und GWB-Rechts unter dem Zeichen des Leistungswettbewerbs fest. Der Hintergrund sei der Zweck der Erhaltung eines funktionsfähigen Wettbewerbs und die Sicherung des Wettbewerbsbestandes. Darunter ist die Erhaltung wettbewerblich strukturierter Märkte zu verstehen. Er führt als Beispiele die gefährlichen, die Wettbewerbsfähigkeit mittlerer und kleiner Unternehmen mindernde Praktiken die gezielte Preisunterbie-

116 Hönn, Günther, Wettbewerbsregeln und die Wirksamkeit eines leistungsgerechten Wettbewerbs, in GRUR 1977, S. 143, 147

tung, Eintrittsgelder (soll wohl die Annahme neuer Lieferanten oder Händler bezeichnen; wird jedoch nicht erläutert) oder Kopplungsangebote an. Dann geht er auf rechtspolitische Forderungen nach einer Verschärfung des geltenden Rechts ein, die unsere Fragestellung nicht berühren.[117]

Wir fassen zusammen: Der Leistungswettbewerb ist als Begriff nicht geeignet, eine Rechtsnorm darzustellen; ihm fehlt die Eindeutigkeit; er ist so unbestimmt, daß der Richter bei der Anwendung des Gesetzes nichts gewinnt.

Wir beenden dieses Kapitel mit der Behauptung, daß in wirtschaftspolitischer Hinsicht der Begriff "Leistungswettbewerb" als allgemeine Leitlinie einer gesunden Marktpolitik geeignet ist. Das ist im Kern keine juristische, auf die Rechtsanwendung abstellende Forderung. Wenn die Wettbewerber dieser Leitlinie folgen, verhalten sie sich im Sinne des erwünschten, volkswirtschaftlich nützlichen Wirtschaftens. Es hieße das Kind mit dem Bade ausschütten, wenn dem als Rechtsnorm verworfenen Begriff auch eine gewisse, allgemeine wirtschaftspolitische Bedeutung abgesprochen würde.

---

117 Ulmer, Peter, Der Begriff "Leistungswettbewerb" und seine Bedeutung für die Anwendung von GWB- und UWG-Tatbeständen, in GRUR Sept. 1977, S. 565, 566 (Der Beitrag beruht auf einem Vortrag des Verfassers über "Leistungsfremde Wettbewerbspraktiken marktstarker Unternehmen" auf dem Wettbewerbskongreß 1977.)

2. Teil

Der Leistungswettbewerb als ein geschütztes Rechtsgut des französischen Wettbewerbsrechts ?

3. Kapitel

Von dem französischen älteren Wettbewerbsrecht zu dem "neuen" Konkurrenzrecht

A. Rechtshistorische Einführung

I Von dem ältesten Marken Dekret von 18o3 bis zum Code pénal

Wie in Deutschland wird in Frankreich ein Wettbewerbsrecht geschaffen, als -2o Jahre später als in Deutschland- im Jahre 1891 der Grundsatz der Freiheit des Handels und des Gewerbes sich gegen das kooperative Wirtschaftssystem -den deutschen Zünften vergleichbar- durchsetzt.[118] Die zitierte Gesetzesabstimmung gewährt zwar volle Freiheit in der Wahl des Berufes, des Handwerks oder der künstlerischen Tätigkeiten, aber bindet die Ausübung der Tätigkeit an einen Gewerbeschein ("patente"), für den eine Gebühr zu bezahlen ist, und an die Beobachtung der gültigen oder der zukünftig erlassenen Polizeivorschriften. Die Lehre des wirtschaftlichen Liberalismus ist wie in Deutschland der Boden, auf dem sich die Wettbewerbsfreiheit sowohl zwischen den Konkurrenten wie im Verhältnis zur Staatsgewalt entwickelt. Mir scheint es charakteristisch zu sein, daß die tatsächliche Einschränkung der Gewerbefreiheit durch die Bindung an alle Polizeiverordnungen deutlicher als in Deutschland von Anfang an hervortritt. Der bekannte Individualismus der Franzosen, seine Bereitschaft, jeden nach seinem Wunsche, auch den Ausländer in seiner nationalen Eigenart in Frankreich leben zu lassen, haben ihre Entsprechung darin, daß viele und harte Ordnungsmaßnahmen des Staates das volle Verständnis seiner Bürger finden.

---

118 Loi du 2 - 17 mars 1791 Art. 7: "A compter du 1er Avril prochain il sera libre à toute personne de faire tel negoce ou d'exercer telle profession, art ou métier qu'elle trouvera bon; mais il sera tenue de se pourvoir auparavant d'une patente, d'en acquitter le prix, et de se conformer aux réglements de police qui sont ou pourront être faits."

Entnommen aus "Das Recht des unlauteren Wettbewerbs in den Mitgliedsstaaten der Europäischen Wirtschaftsgemeinschaft, Gutachten, herausgegeben von Eugen Ulmer, Band IV, Frankreich von Rudolf Krasser, 1966, S. 1

Bestimmte Mißbräuche im Wettbewerb, das Nachmachen hinterlegter Marken, wurde schon früher als in Deutschland durch das Dekret von 18o3, und die falschen Angaben über den Namen des Herstellers von Waren oder den Ort der Herstellung wurden durch das Dekret von 1824 unter Strafe gestellt.[119] Das letztgenannte Dekret trägt den Namen: Gesetz vom 28. Juli 1824 gegen den Mißbrauch von Handelsnamen und Ortsnamen. Die zitierte maßgebende Gesetzesbestimmung des Art. 1 lautet in freier Übersetzung:

"Jedweder, der durch Hinzufügung, Verkürzung oder andere Veränderungen den Namen eines anderen Fabrikanten als des eigentlichen Herstellers, den Handelsnamen eines anderen Betriebes als des herstellenden oder schließlich einen anderen Ortsnamen als den der Herstellung auf den Waren angibt oder zusetzt, wird mit den Strafen belegt, die in dem Art. 423 des Strafgesetzbuches vorgesehen sind; dabei bleiben etwaige Schadensersatzansprüche unbeachtet."

Die strafrechtliche Sanktion kann sich also gegebenenfalls mit der Verurteilung zur Zahlung eines Geldbetrages als Schadensersatz verbinden.

Die ältesten französischen Spezialbestimmungen schützen demnach Handelszeichen, Handelsnamen und Ortsnamen auf Waren. Das dürfte seinen Grund darin haben, daß wichtige, auch exportierte Waren Frankreichs -früher wie heute- Wein und Käse sind; es lag nahe, deren Preis durch Mißbrauch berühmter Herstellerna-

---

119 Art. 1er Quiconque aura, soit apposé, soit fait apparaître, par addition, retranchement, ou par une altération quelconque, sur des objets fabriqués, le nom d'un fabricant autre que celui qui en est l'auteur, ou la raison commerciale d'une fabrique autre que celle où lesdits objets auront été fabriqués, ou enfin le nom d'un lieu autre que celui de la fabrication, sera puni des peines portées en l'article 423 Code pénal, sans préjudice des dommages-intérêts, s'il y a lieu.
Entnommen aus Krasser, Frankreich, aaO. Gesetzestexte, S. 575

men oder Ortsnamen -z.B. "Camenbert", "Bordeaux"- unlauter zu erhöhen. Jedenfalls hat es der Gesetzgeber für notwendig gehalten, diesen Mißbrauch nicht durch ein Zivilgesetz, sondern durch ein Strafgesetz zu bekämpfen, das die Verbindung der Strafe mit einer Schadensersatzleistung an den oder die geschädigten Mitbewerber des unlauter werbenden Konkurrenten vorsah. Schon aus der Gestaltung dieser Strafbestimmung ergab sich, daß die Richter diese älteste Spezialbestimmung gegen den unlauteren Wettbewerb nur in sehr engem Umfang anwenden konnten.

II Die Artikel 1382 und 1383 Code civil und die Rechtssprechung

Wegen der seltenen Bestrafung aufgrund des Strafgesetzes entwickelte sich früh ein ergänzender zivilrechtlicher Schutz des lauteren Wettbewerbs auf der Grundlage der Art. 1382 und 1383 des Code civil. Diese Grundnorm des Deliktrechts lautet: Des délits et des quasi-délits

Art. 1382 Tout fait quelconque de l'homme, qui cause à autrui un dommage, oblige celui par la faute dequel il est arrivé, à le réparer.[12o]

Diese Bestimmung des Code civil, die das Vorbild des § 826 BGB wurde, galt im Rheinland bis zum Jahre 1881 und wurde dort -auch zur Bekämpfung des unlauteren Wettbewerbs- eingesetzt, da sie solange dort geltendes Recht war.

12o Über die Delikte und die Quasi-Delikte
Art. 1382: Jedwede Handlung eines Menschen, die einem anderen Schaden zufügt, verpflichtet denjenigen, durch dessen Verschulden dieser eingetreten ist, diesen Schaden zu ersetzen.
Art. 1383: Chacun est responsable du dommage qu'il à causé non seulement par son fait, mais encore par sa négligence ou par son imprudence.
Jeder ist verantwortlich für den Schaden, den er nicht nur durch sein Tun, sondern auch durch seine Nachlässigkeit oder seine Unvernunft verursacht hat.
Emmerich, Volker, aaO. S. 9

B. Rechtsquellen

Wir teilen die Rechtsquellen in folgende vier Gruppen ein:

I. Code civil und "Richterrecht"

Die schon angeführten deliktsrechtlichen Vorschriften des Code civil und das auf ihrer Grundlage entwickelte "Richterrecht", das sich über eine Auslegung des Gesetzes hinaus zu einer selbständigen Rechtsquelle entwickelt hat, wie wir im Anschluß an Krasser behaupten.[121]

II. Die Sondervorschriften

Sondervorschriften des Wettbewerbsrechts, von denen schon 1966 nicht weniger als elf aufgezählt wurden; wenigstens drei neuere, bedeutende Gesetzeswerke sind hinzuzufügen. Die Sondervorschriften betreffen den Schutz von Hersteller- und Ortsnamen, den Verrat von Fabrikgeheimnissen durch Arbeitnehmer, betrügerische Machenschaften beim Verkauf von Waren, Lebensmittelfälschungen, mißbräuchliche Verleihung und Benutzung von Auszeichnungen, den Schutz von Ursprungsbezeichnungen (z.B. Armagnac, Roquefort, Muscadet de Sèvre et Maine), das Verbot des Schneeballsystems, aktive und passive Bestechung von Angestellten und das Verbot des Zugabesystems. Ein Gesetz von 19o6 mit Ausführungsverordnungen von 1962 regelt Ausverkäufe und bestimmte Sonderverkäufe.[122] Viele

121 Krasser, aaO. S. 11

122 Baumann, Denise, Max-Planck-Institut in München für ausländisches und internationales Erfinder-, Urheber- und Wettbewerbsrecht, Droit de la Consomation, -Jahr der Herausgabe ist nicht angegeben-, sicher nach 1978, S. 68, 69

dieser Vorschriften gießen schon von den Gerichten aufgestellte Normen in die Form des formellen Rechts.[123]

III.

"Finanzgesetz zur Aufrechterhaltung der wirtschaftlichen und finanziellen Stabilität" vom 02. Juli 1963, -allgemein kurz als Finanzgesetz zitiert-, ist zwar bei seinem Erlaß eine wirtschaftspolitische Maßnahme, hat aber bis heute eine Dauerwirkung ausgeübt.

Die Regelungen des Art. 7 und 8 dieses Gesetzes betreffen Qualitätszeugnisse für Waren, die durch das sog. "Loi Royer" vom 27. Dezember 1973, -Royer war der damalige Wirtschaftsminister-, geändert worden sind.[124]
Gemäß Art. 2 Abs. 1 Finanzgesetz können Gerichte vorab unlautere Wettbewerbshandlungen einstweilig untersagen, die Gegenstand einer Klage sind. Diese Bestimmung ist teilweise wegen ihrer präjudizierenden Wirkung kritisiert worden. Das Gesetz erkennt die bisherige Übung, nach der die Gerichte die Veröffentlichung ihrer Entscheidung anordnen konnten, ausdrücklich an.

Falsche oder irreführende Angaben in der Werbung über bestimmte, abschließend aufgezählte Umstände werden verboten und bestraft. Auch der bisher nicht als unlauter angesehene Verkauf unter Einkaufspreis wird unter dem Vorbehalt zahlreicher Ausnahmen als wirtschaftspolitisch unerwünscht untersagt.[125]

---

123 Krasser, aaO. S. 12: Die nicht erschöpfende Aufzählung der Rechtsquellen

124 Vergleiche auch Baumann, Denise und Uhlig, Malte, Neue Entwicklungen im französischen Werberecht und Verbraucherschutz, in GRUR 1978, S. 398 ff

125 Krasser, aaO. S. 12, 13

IV.
"Loi Royer" von 1973, zwei "Lois Scrivener" von 1978 und die Reform-Verordnung von 1986.

Das erstgenannte Gesetz trägt den Namen "Loi d'orientation du commerce et de l'artisanat." Im Zusammenhang mit der im Mai 1974 bevorstehenden Wahl des Staatspräsidenten waren das Handwerk und den Handel betreffende und den Mittelstand stärkende Maßnahmen von aktuellem Interesse und erhoffter politischer günstiger Wirkung auf die Wahl.[126]

Das Gesetz vermengt ähnlich wie das Finanzgesetz vielerlei verschiedene Vorschriften und besitzt kein klar hervortretendes System. Wesentliche Inhalte des Gesetzes betreffen Zugaben und Prämien -les primes-, die irreführende Werbung -la publicité mensongère- und die Zivilklage der Verbraucherverbände -l'action civile des associations de consommateurs-.

Die beiden "Lois Scrivener" werden unter dem Namen der damaligen Staatssekretärin des Wirtschaftsministeriums zitiert und sind unter demselben Datum vom 10. Januar 1978 verkündet worden.

Das erste trägt die Bezeichnung Nr. 78-22 und ist -dem englischen und deutschen Vorbild folgend- die magna carta des Konsumenten-Kredits: Es verlangt eine ausreichende Information des Verbrauchers, gewährt eine Frist zur "reflexion", bindet den Kredit unauflöslich an den Kauf, zu dem er akzessorisch ist; es begrenzt die Höhe des im Vertrag vorgesehenen Schadensersatzes; es sei begründet die Zuständigkeit bei dem "tribunal d'instance" und gibt schließlich dem Richter das Recht, die Schuldner-Verpflichtung auszusetzen.[127]

---

126 Baumann, Denise, aaO. S. 27 und 31; sie nennt das Gesetz ein Loi électorale

127 Calais-Auloy, Jean, Droit de la consomation, Dalloz Paris,198o S. 266, 267, No 173

Das zweite "Loi Scrivener" enthält, -wie das häufig bei den französischen Gesetzen, die einem aktuellen Bedürfnis entsprechen, der Fall ist-, "des dispositions hétéroclites.": Der Schutz der Verbraucher gegen gefährliche Produkte und Dienstleistungen, Ausdehnung des Anwendungsbereiches des Gesetzes von 19o5 über die "fraudes", die Betrügereien, das ursprünglich nur auf Waren, jetzt gleichfalls "aux prestations de service", die Dienstleistungen, anwendbar wird. Das nächste Kapitel betrifft das "certificat de qualification", die schon erwähnten "clauses abusives" in Verträgen zwischen "professionels et non-professionels" (consomateurs), die eliminiert werden sollen.

Das letzte, das 5. Kapitel, erhöht die Geldstrafe wegen der "publicité trompeuse", der irreführenden Werbung, und sieht komplementäre Sanktionen vor.[128]

Die wichtigste und eingehender zu behandelnde Reform- Verordnung ist die "Ordonnance Nr. 86-1243 du 1er décembre 1986 relative à la liberté des prix et de la concurrence", die auf der Grundlage des Art. 1 des "Loi d'habilitation du 2. juillet 1986"erlassen wurde.

Die Reform-Verordnung hat gesetzesvertretende Kraft und wird durch das "Décret Nr. 86-13o9 du 29. décembre 1986" durch Ausführungsbestimmungen ergänzt. Die Reform-Verordnung trat am 01. Januar 1987 in Kraft.

Bis zu diesem Datum war das Wettbewerbsrecht in Frankreich ein Mittel des staatlichen Dirigismus mit dem hauptsächlichen Ziel der Preiskontrolle. Trotz einiger Einbrüche im Lauf des letzten Jahrzehnts seit 1977 konnten die Behörden bis zu

---

128 Calais, aaO. S. 28 No 16, S. 113 - 115 No 84; S. 141 - 143 No 98; S. 95, 96 No 67; S. 323 - 33o No 2o3 - 2o5; S. 217 - 22o No 141

diesem Zeitpunkt bei exzessiven Preissteigerungen eingreifen. Erst mit der Reform-Verordnung ist der Grundsatz staatlichen Preisdiktats ausdrücklich abgeschafft worden, wenn auch den Behörden in Sonderfällen die Möglichkeit der Intervention durch Dekret erhalten blieb.[129]

Die Reform-Verordnung hält die in Frankreich klassische Zweiteilung des Wettbewerbs- und Kartellrechts aufrecht:
Die "pratiques anticoncurrentielles individuelles" sind als solche a priori verboten, wie z.B. Diskriminierungen, ungerechtfertigte Verkaufs- und Lieferverweigerungen -refus de vente-, Verkauf unter Einkaufspreis, diktierte Preise.

Die "pratiques anticoncurrentielles dites collectives" -die Kartelle und der Mißbrauch der marktbeherrschenden Stellung- sind nur auf Grund einer a posteriori-Betrachtung durch eine Analyse ihrer wirtschaftlichen Wirkung auf den Markt unzulässig.

Die Reform läßt es auch im Ganzen bei der bisher schon geltenden Zuständigkeitsregelung: Die individuellen Wettbe-

129 Lamy commercial: Concurrence, Distribution, Consomation 1988, herausgegeben in Paris 1987 durch Gérard Cas, Roger Bout, Didier Ferrier, ist das Standard-Werk; in dessen Rahmen haben Jean-Paul Novella und Didier Ferrier die Monographie "Liberté des prix et nouveau droit de la concurrence", 1987, veröffentlicht; zu o.a. Ausführung S. 2, 3

Zeitschrift für internationales Steuer- und Wirtschaftsrecht -IWB- vom 25.10.1988, Herne/Berlin, S. 43 ff werbsverstöße kommen vor die Gerichte.[130]

Die kollektiven Wettbewerbsverstöße kommen vor den Conseil de la concurrence, der unter der Kontrolle des Conseil

---

130 Die französische Gerichtsverfassung:

a) Das Tribunal d'Instance -dem deutschen Amtsgericht entsprechend- ist zuständig für Streitwerte bis 3o.ooo,- F; bei Streitwerten über 13.ooo,- F ist Berufung bei der Cour d'Appel möglich;

b) das Tribunal de Grande Instance -dem deutschen Landgericht vergleichbar- ist zuständig für Streitwerte über 3o.ooo,- F;

c) die Cour d'Appel -dem deutschen Oberlandesgericht entsprechend- ist Berufungsinstanz sämtlicher nachgeordneter Gerichte;

c) das Tribunal de Commerce -nur mit Laienrichtern besetzt- ist für alle Handelssachen -darunter auch ein Teil der wettbewerbsrechtlichen Prozesse- zuständig; bei Streitwerten über 13.ooo,- F kann Berufung bei der Cour d'Appel eingelegt werden;

e) die Cour de Cassation -dem Bundesgerichtshof vergleichbar- entscheidet nur über Rechtsfragen; sie kann gegen Entscheidungen der Cour d'Appel und nicht berufungsfähige Entscheidungen der nachgeordneten Gerichte angerufen werden.
Der Conseil d'Etat ist die höchste Instanz in dem verwaltungsgerichtlichen Verfahren -dem deutschen Bundesverwaltungsgericht vergleichbar-.

Rechtsanwaltschaft:
Vor dem Conseil d'Etat und der Cour de Cassation dürfen nur Avocats auftreten, die ausschließlich bei diesen Gerichten zugelassen sind. Anwaltszwang besteht bei dem Tribunal de Grande Instance und vor den Rechtsmittelinstanzen.
Nur bei der Cour d'Appel muß neben dem Avocat noch der Avoué tätig werden, der für das förmliche Verfahren einzuschalten ist.
Die angegebenen Streitwertgrenzen entsprechen dem Stand von April 1987.
Urteile deutscher Gerichte werden in Frankreich grundsätzlich nach dem Brüsseler Abkommen vom 27.09. 1968 anerkannt, ohne daß es eines besonderen Verfahrens oder einer Nachprüfung bedarf. Die Vollstreckungsklausel kann nur ausnahmsweise, d.h. bei Verstoß gegen französische öffentliche Ordnung (ordre publique) durch den Präsidenten des Tribunal de Grande Instance verweigert werden.
Entnommen aus Mitteilungen der Bundesstelle für Außenhandelsinformationen (BfAI) vom April 1987, S. 6, einer Beilage der "Nachrichten für Außenhandel" Eschborn.

d'Etat steht.

So ist es möglich, daß derselben Sachverhalt, z.B. ein "abus de domination", ein Machtmißbrauch, vor die eine oder die andere Kontrollinstanz zur Entscheidung gelangen kann, je nachdem diese dasselbe Verhalten unter verschiedenen rechtlichen Kriterien einordnet.[131]

C

I Die ältere Zeit der "planification", das französische Parteienwesen, die Zeit der "cohabitation"

Nach diesem Überblick über die Rechtsquellen und im Anschluß an die rechtshistorische Einführung in das französische Wettbewerbsrecht unterbrechen wir die Darstellung des gültigen Rechts durch einen Rückgriff auf die frühere "planification", ohne deren Kenntnis die Bedeutung der Reform nicht richtig eingeschätzt werden kann.

De Gaulle hat sich gerne als einen der Väter der Wirtschaftsplanung bezeichnet, die er die "grande affaire" der V. Republik nannte. Der Gaullismus wollte Frankreich eine gewisse Autarkie sichern und eine weitgehende internationale Arbeitsteilung verhindern, um unter Umständen wieder aus der EWG ausscheiden zu können. Die zentralistische Staatsverfassung erleichterte die Arbeit des Plankommissariats, in dem auch fähige Wirtschaftswissenschaftler, die aus der Ecole Politechnique hervorgegangen waren, neben Juristen arbeiteten. Der Wirtschaftsplan umfaßte grundsätzlich die gesamte Volkswirtschaft, allerdings in verschiedenen Sektoren der Wirtschaft in unterschiedlicher Intensität. Die organisatorische Durchführung von Planungen in Frankreich -sogar seinen

131 Novella-Ferrier, aaO. S. 5

nichteuropäischen Territorien- war dadurch erleichtert, daß bis heute in allen Departements weisungsgebundene und gleichförmige "préfectures" und "souspréfectures" arbeiteten. Trotz Unterschieden im einzelnen kann man diese Verwaltungsbehörden mit den preußischen Regierungspräsidien vergleichen.

In den Jahren nach 1952 wurden die staatlichen Eingriffe in die Wirtschaft schwächer, wenn auch der Hang zum Interventionismus und dirigistischer Wirtschaftsführung eine ungebrochene Tradition in Frankreich hat. In den Jahren nach 196o gab es keine Wirtschaftspolitik aus einem Guß, sondern ein Nebeneinander von unterschiedlichen Interventionen.[132]

Das französische Parteienwesen.
Die offenbar heute vor einer Trendwende stehende Wirtschaftspolitik ist nicht zu verstehen, ohne einen Blick auf die politischen Parteien zu werfen. Es kann sich nur um eine Momentaufnahme, die auf Feinheiten und Details verzichtet, handeln, da die Parteienlandschaft in Frankreich wie in anderen parlamentarischen Demokratien zur Zeit in Bewegung geraten ist.

Die konservative, gaullistische Partei heißt RPR, "Rassemblement du peuble francais".
Eine auch konservative, gemäßigte Partei ist die UDF, die "Union pour la démocratie francaise".

Die beiden sogenannten linken Parteien sind die PC, die "Parti Communiste", und die PS, die "Parti Socialiste", der der gegenwärtige Staatspräsident Francois Mitterand, und der

---

132 Tholl, Gerard, Die französische Planification -ein Vorbild? in Ordo Bd 15/16, 1965, S. 197 ff

Premier Ministre Michel Rocard angehören.[133]

Gegenwärtig beunruhigt eine unter der Führung von Le Pem stehende radikale Partei, die "Front national" am rechten Rand des Parteienspektrums die Franzosen. Diese parteipolitische Gruppierung hat in Frankreich weit früher leicht rassistisch gefärbte Parolen als bei uns in Umlauf gebracht, die unter anderem den Einfluß der afrikanischen "Franzosen" oder "Nicht-Franzosen" betreffen; über solche Bezeichnungen können Franzosen, deren Heimat im Hexagon liegt, gelegentlich sogar über die Zugehörigkeit der auf den französischen Inseln Geborenen zur "Nation" ernsthaft streiten. Gelegentlich kann man heute in Frankreich den Eindruck haben, daß der Geist des Kosmopolitischen, des Universalismus, der europäischen Zivilisation, -womit der Franzose unseren Begriff Kultur meint-, nicht mehr so ohne Vorbedingung Menschen aller Rassen, Religionen und Kulturen in Frankreich aufnimmt und assimiliert, wie das in der Vergangenheit als typisch für das Paradies der Emigranten gerühmt wurde. Nach meinen Gesprächen mit vielen Franzosen ist in dieser Hinsicht ein Umdenken zu beobachten, das den schwarzhäutigen französischen Staatsbürger leichter als Hilfsarbeiter der Pariser Metro toleriert, ihn aber nicht ebenso selbstverständlich als entscheidenden Beamten des Finanzministeriums in Paris anerkennt. Diese nur im Zusammenhang mit der "Front national" berichteten Beobachtungen lassen mich zweifeln, ob heute noch das großartige Wort -in freier Übersetzung zitiert- in vollem Umfange gilt: Frankreich ist die zweite Heimat für jeden Menschen, gleichgültig wo seine erste Heimat liegt.

In der Bundesrepublik haben sich im Groben vergleichbare

---

133 Bilger, Francois, Frankreich vor der ordnungspolitischen Wende? Die wirtschaftspolitischen Wahlprogramme der französischen Parteien in Ordo Bd. 37, 1986, S. 3 ff

parteipolitische Entwicklungen gezeigt, die auch am rechten Rand aller Parteien nach dem Niedergang der "NPD" eine neue, von einem bieder wirkenden Bayern gegründete Partei entstehen ließ: Die "Republikamer" haben die sogenannten Protestwähler aus den etablierten bürgerlichen Parteien gewinnen können und sogar junge Wähler und solche aus dem öffentlichen Dienst zu sich gezogen, indem sie wieder von einem Vaterland und nationalem Interesse sprechen. Ihr Erfolg hat sich schon bei den Kommunalwahlen in Berlin und Hessen im März 1989, bei den Wahlen zu dem Europäischen Parlament und noch stärker und unerwartet bei den Kommunalwahlen im Juni 1989 im Lande Rheinland-Pfalz gezeigt. Sollte es Tendenzen, besser Trends im Parteipolitischen, parallele, über nationale Grenzen wirkende "Bewegungen" in Europa, oder zumindest Frankreich und Deutschland geben?

Die viel früher in der Bundesrepublik und jetzt auch in Frankreich vordringende ökologische Partei scheint dafür zu sprechen, daß diese Frage zu bejahen ist. Die französischen Medien waren lange Zeit der Meinung, die Deutschen in ihrer Neigung zur Perfektion und der Prinzipienreiterei würden die Politik zur Erhaltung der Umwelt übertreiben. Eine Angst wegen sterbender Wälder gab es ebenso wenig jenseits des Rheins wie die Angst wegen der Risiken der Atom-Kraftwerke. Erst die Kommunalwahlen in Frankreich am 12. März 1989 haben Vertreter der "Grünen" in viele municipalités einziehen lassen; der Erfolg der "Ecolos", wie sie genannt werden, war bei den Europa-Wahlen noch bedeutender. Ihrem Typ nach ähneln die Verts den Grünen -"théoricien" idéaliste et réformateur du monde entier-, aber ihr konkretes Parteiprogramm deckt sich ebenso wenig mit dem der hiesigen Grünen, wie das Programm der SPD sich nicht gleichsetzen läßt mit dem der Parti socialiste.

Nach meinem Eindruck ist die Bindung der Parti Communiste an Moskau schwächer als die der deutschen Splitterpartei desselben Namens, die nie das Gewicht der französischen

Schwesterpartei erreicht hat.

Die Gaullistische Partei hat sich nach dem Tode de Gaulle's ebenso verändert wie die Christliche Demokratische Union -CDU- nach dem Tode Adenauers und die Christlich Soziale Union -CSU- nach dem Tode des Franz Josef Strauß. Besonders die Geschlossenheit der gaullistischen Bewegung ging unter den nachfolgenden Präsidenten Pompidou und Giscard d'Estaing verloren. Georges Pompidou, gelernter "professeur agrégé d'un lycée", wurde 1969 Président de la Republique. Die Partei des 1926 in Koblenz geborenen Valery Giscard d'Estaing heißt "Républicains indépendants". Schließlich unterscheidet sich auch das Partei-Programm der französischen Liberalen im einzelnen von dem der Freien Demokratischen Partei, der F.D.P.

Diese angedeuteten, national begründeten Unterschiede zwischen den französischen und deutschen Parteien erlauben eine Schlußfolgerung zu dem Gegenstand unserer Untersuchung: Auch der kritische, etwa ausländische Beobachter, billigt der deutschen sozialen, freien Marktwirtschaft eine gewisse Stetigkeit und Zielstrebigkeit zu, gleichgültig ob die Regierung von einem SPD- oder CDU-Kanzler geleitet wurde. Die von dem Staatspräsidenten und seinem Premierminister zwar nicht allein gesteuerte, aber wesentlich beeinflußte Wirtschaftsordnung und Wirtschaftsverfassung läßt diese Stetigkeit und Zielstrebigkeit vermissen. Den Grund dafür sehe ich darin, daß der Kampf zwischen Planwirtschaft und Dirigismus einerseits und Marktwirtschaft und Liberalismus andererseits bis auf unsere Tage letztlich noch unentschieden hin und her wogte.

Mit dieser Feststellung verlassen wir nicht den Boden einer rechtswissenschaftlichen Abhandlung zu den Begriffen Leistungswettbewerb und Binnenmarkt, weil es keine deutsche und französische Wirtschaftsordnung im luftleeren und zeitlosen Raum gibt, sondern nur den konkreten Zustand beider Wirtschaften, die in einem dynamischen Prozeß zuerst von den nationalen wirtschaftspolitischen, danach auch internationalen politischen Faktoren bestimmt werden, zu denen die rein wirtschaftlichen Umstände hinzutreten.

Die Antwort auf unsere Fragestellung hängt zu einem guten Teil von Wertungen und Urteilen ab, die nicht allein aus den geltenden Gesetzen beider Länder zu gewinnen sind. Das entspräche einem Rechts-Positivismus, der für unser Thema fehl am Platze wäre. Nur der Versuch einer umfassenden Zusammenschau der unterschiedlichen Sachverhalte und Tendenzen kann eine zutreffende Aussage ergeben, die über den Tag hinaus eine bescheidene Bedeutung behält. Dabei müssen wir die Gefahr meiden, aus subjektiven Prognosen oder gar Wünschen heraus den Boden der Tatsachen zu verlassen. Wir bewegen uns auf dem nicht mit wissenschaftlichen Methoden voll erfaßbaren Gebiet zwischen Politik und Wirtschaftsrecht, auf dem in Demokratien die Wähler ein entscheidendes Wort mitzusprechen haben; das hat der nicht voraussehbare Sieg der französischen Kommunisten und Sozialisten bei den genannten Kommunalwahlen gezeigt. Dabei ist das Votum des Franzosen -besonders des Süd-Franzosen- von Emotionen und der Ausstrahlung starker Persönlichkeiten noch stärker abhängig, wie das auch für das Verhalten des deutschen Wählers zutrifft.

Zum Beweis dieser Behauptung erinnern wir daran, daß die Regierung eines so starken Staatspräsidenten wie Charles de Gaulle durch die Studenten-Unruhen beinahe gestürzt worden wäre, wenn nicht damals die Armee mit starken Panzer-Einheiten um Paris herum "die Ordnung" wieder hergestellt hätte. Der Verantwortliche wollte in einem Pariser Ministerium die Unterschrift unter ein deutsch-französisches Abkommen, dessen Vorbereitung gerade erst abgeschlossen werden konnte, sofort leisten, da er nicht wissen könne, ob er an dem Tag danach noch befugt war, für die französische Republik eine Unterschrift zu leisten.[134]

Die Zeit der "cohabitation"

Als im Mai 1981 eine sozialistische Regierung zur Macht kam, begann eine "nationalisation", die Sozialisierung von Bankinstituten und von fünf der größten und bedeutendsten industriellen Gesellschaften unter stärkstem staatlichen Einfluß; inzwischen ist die Reprivatisierung dieser Gesellschaften nach teilweise schlechten Erfahrungen im internationalen Wettbewerb eingeleitet oder bereits durchgeführt worden.

Es war die Zeit einer schwierigen cohabitation, dem "Zusammenwohnen" des sozialistischen Staatspräsidenten Francois Mitterand mit dem konservativen Premierminister Jaques Chirac. Da der französische Präsident nicht wie der deutsche Bundespräsident auf vorwiegend repräsentative Aufgaben reduziert ist, bedeutete das den Zwang zu ständigen politischen, auch gerade wirtschaftspolitischen Kompromissen.
Wenn die fehlende Kontinuität der Regierungstendenz auch offenbar den Erfolg der französischen Wirtschaft auf vielen Gebieten beeinträchtigt hat, sind andererseits unbestreitbar technische und industrielle Höchstleistungen festzustellen:
z.B. verkauft heute der früher chronisch verschuldete, in staatlicher Regie betriebene Automobil-Konzern Renault in Europa mehr Kraftfahrzeuge als die Volkswagen-Werke. Der erste Zug auf Schienen mit einer höheren Geschwindigkeit als andere Eisenbahnen sie damals erreichen konnten, verkehrte zwischen Paris und Lyon.

Eine einheitliche Prognose für die zukünftige wirtschaftliche

---

134 Als Zeugen für die angeführten Tatsachen darf sich der Verfasser selbst benennen, der in Fontainebleau und Paris die Revolte beobachtet hat. Im Quartier latin von Paris brannten die Straßenbäume, und für die privaten Kraftfahrzeuge gab es keinen Tropfen Benzin mehr zu tanken.

Entwicklung läßt sich zur Zeit nicht ausmachen, sondern diese schwankt je nach dem politischen Standpunkt des Beurteilers von negativen zu zuversichtlichen Urteilen.[135]

Dieser Lagerbeurteilung von 1984 steht eine neueste optimistische Einschätzung des Staatlichen Instituts für Statistik und Wirtschaftsstudien INSEE vom Juli 1988 gegenüber, die Frankreichs Wirtschaft im Aufschwung sieht. Auch private Konjunkturinstitute erwarten eine Zunahme der Ausfuhren um 6,5%, der Einfuhren um 6%. Auch die Konjunkturübersicht der Großbank Credit Lyonnais stützt diese günstige Voraussage und sagt nur den Branchen Rückgänge voraus, die durch den Kursverfall des Dollars einer verschärften Auslandskonkurrenz ausgesetzt waren.

Für einen Vergleich ist die Studie des multinationalen Konzerns Saint Gobain am interessantesten: Die Lohnstückkosten der französischen Industrie lagen Ende 1987 leicht unter dem Wert von 1985. Im gleichen Zeitraum haben sich dieser Untersuchung zufolge die Lohnstückkosten in der Bundesrepublik Deutschland um 8% erhöht.[136]

Mit der erwähnten Hinwendung zum Sozialismus im Jahre 1981 setzte die politische Mehrheit es durch, daß der damals gültige "VIIIe plan économique et sociale" sofort aufgehoben und durch einen nur zwischenzeitlich geltenden ersetzt wurde. Der vorhergehende, in den Jahren 1976 bis 198o gültige Wirtschaftsplan berührte das Wettbewerbsrecht insofern indirekt, als er auch eine Stärkung der Stellung des Verbrauchers am Markt anstrebte. Diese Orientierung hatte der VIII Plan übernommen. Der IX. Plan, der bis 1988 gültig war, hat eine schwächere Auswirkung als seine Vorgänger gehabt, da im Zuge

---

135 Guyon, Yves, Droit des Affaires, Paris, 1984, S. 26, 27

136 Nachrichten für Außenhandel (NFA) vom 18.07.1988 BFAI Paris/Köln

der Politik der Régionalisation, einer Stärkung der Provinzen im Verhältnis zur Zentralgewalt in Paris, neben dem nationalen Plan auch mehrere "plans de région" aufgrund eines Gesetzes vom 29. Juli 1982 wirksam geworden sind. Diese Wirtschaftspläne sollen der Wirtschaft eine Orientierung geben und angestrebte Reformen vorbereiten, ohne allerdings gegenüber Privaten zwingendes Recht zu setzen.[137]

Diese planification im weitesten Sinne spielt im alltäglichen Leben des Franzosen eine ständig von Medien kommentierte und kontrovers behandelte Rolle. Sie beeinflußt, -ich greife willkürlich zwei Beispiele heraus-, den Brotpreis wie den SMIC.[138]

Als Grundnahrungsmittel steht das Brot in Frankreich mehr als in Deutschland allein an der Spitze, da die Kartoffel, -hier ein Grundnahrungsmittel-, dort zu den Gemüsen gehört. Wenn für das pain und das baguette, die möglichst frisch zu verzehrenden Brotsorten, der Preis erhöht wird, verteuert das die Lebenshaltungskosten beträchtlich, weil durchschnittlich dreimal am Tag Brot in verschiedenen Sorten gegessen wird, auch abends oft zur Begleitung der üblichen Suppe. Zur Mittags- und Abendzeit verändert sich das Straßenbild, weil viele Fußgänger das lange Stangenbrot unter dem Arm tragen.

Der SMIC, die Abkürzung für "salaire minimum interprofessionel de croissance" ist der indexierte, gewerbliche Mindestlohn. Er wird von der Regierung festgelegt und ist an den Verbraucherpreisindex gekoppelt. Er soll das Existenzminimum decken, das

---

137 Godé, Pierre, Dictionaire juridique Consomation, Dalloz Paris, 1983, S. 258

138 Doucet, Michael und Fleck, Klaus, Wörterbuch der Rechts- und Wirtschaftssprache, München, 1988, S. 539

selbstverständlich im Dorf anders als in der Großstadt, in der Normandie niedriger als an der Côte d'Azur in Francs Francais zu beziffern ist. Da infolge der noch nicht zum Stillstand gekommenen Inflation keine Herabsetzungen, sondern nur Erhöhungen des Brotpreises erfolgen, und die Anpassung des SMIC wegen des langwierigen Verfahrens mit großer Verspätung folgt, erregt dieses Problem die Wähler mehr als Weichenstellungen der großen Politik.

II Die Struktur der Wirtschaft

Zum Verständnis des französischen Wettbewerbsrechts ist die Tatsache zu berücksichtigen, daß die Landwirtschaft und die landwirtschaftliche Produkte verarbeitende Industrie in der Volkswirtschaft einen größeren Raum einnimmt als in Deutschland. Mir scheint auch die gesellschaftliche Stellung des unabhängigen Bauern -des paysan oder cultivateur- gefestigt und geachtet zu sein. Die sicherlich auch vorhandene Landflucht dürfte nicht so stark sein wie in Deutschland. Derartige vergleichende Wertungen sind nicht beweisbar und ständigen regionalen und zeitlichen Veränderungen unterworfen.

Auch statistischen Unterlagen ist zu mißtrauen, soweit generalisierende Urteile aus ihnen hergeleitet werden. Dagegen findet jeder Reisende durch Augenschein bestätigt, daß in den Regionen Frankreichs die kleinen und mittelgroßen landwirtschaftlichen Betriebe sehr zahlreich sind. Ebenso findet man im Einzelhandel in den Städten wie auf dem Lande noch mehr familiär geführte magasins im Verhältnis zu den regelmäßig sehr großen supermarchés mit Warenhaus-Charakter als in Deutschland.

Viele große Industrieunternehmen sind zwar rechtlich Gesellschaften des französischen Rechts, dem Kapital nach jedoch international verflochten.[139]

Ihrer Größe nach geordnet fügen sich alle Unternehmen so zu der gesamten Volkswirtschaft zusammen, daß das Bild einer Pyramide entsteht; diese ruht auf einer sehr breiten Basis und verjüngt sich gleichmäßig bis zur Spitze. Viele Beurteiler stellen nicht auf die absoluten Zahlen der nach Umsatz und Arbeitnehmerzahl geordneten Unternehmen ab, um im Ergebnis eine gesunde Struktur der heutigen Wirtschaft festzustellen; sie verneinen eine Kopflastigkeit, da eine glückliche Verteilung von sehr vielen keinen zu sehr wenigen großen Betrieben gegeben sei.

Der in allen europäischen Industriestaaten fortschreitende Prozeß der Konzentration dürfte sich in Deutschland etwas stärker ausgewirkt haben als in Frankreich.

In der einschlägigen Literatur kommt m.E's ein psychologischer Faktor, die Mentalität des Franzosen, zu kurz: Bindung an Familie und Heimat, Streben nach Unabhängigkeit und einem individuell geprägten Leben.

---

139 Wikham, Sylvain, Concentration et dimension, Paris, 1966, gibt nach dem Stand von 1965 vier Kategorien von Unternehmen der Größe nach an:
3 Millionen sehr kleine, vom Inhaber geführte Unternehmen,
3oo.ooo mittlere Familien-Unternehmen,
3oo große Unternehmen (einschließlich öffentlicher Betriebe und von Filialen ausländischer Firmen),
2o private oder halb-öffentliche "groupes", die wir wohl als Konzerne bezeichnen würden.

Eine allgemeine Anmerkung zu den eigenen Übersetzungen aus dem Französischen:
Der Verfasser ist kein Linguist. Häufig gibt es auf das einzelne Wort wie auf die Satz-Aussage bezogen mehrere Übersetzungsmöglichkeiten. Diese Situation ist umso eher gegeben, wenn der französische Text -im Gegensatz zu der vorstehenden konkreten Aufzählung- abstrakte, fein differenzierende Formulierungen enthält. M.E's bleibt bei jeder Übersetzung ein kleiner Rest von Interpretation.

Für sehr viele Franzosen ist es vorrangiges Ziel, die wirtschaftlichen Voraussetzungen dafür zu schaffen, möglichst in noch leistungsfähigem Alter "retraité" zu werden; der Rentner aus der Wirtschaft, der Pensionär aus dem öffentlichen Dienst stellt einen anderen Typ dar als der deutsche "Ruheständler". Dieser nicht berufstätige, aber oft ehrenamtlich Aktive ist in allen sozialen Schichten nach meinen Beobachtungen häufiger als in Deutschland zu finden. Angeln, auf die Jagd gehen, einen Sport betreiben, -und wenn es nur das Kontakt schaffende boules-Spielen ist-, der Treff im Bistro für die Männer und auf dem marché für die Frauen nicht nur zum Einkauf, sondern zum Gespräch, für die Jungen der Radsport, haben eine nationale Qualität und sind ebenso Ausfluß jener Mentalität wie die Form der gewerblichen Tätigkeit.

Wir sind uns bei solchen generalisierenden Aussagen natürlich bewußt, wie sehr sich die Eigenart des Bretonen z.B. von der des Provencalen unterscheidet, ähnlich wie die Eigenart des Bayern eine wesentlich andere ist als die des Niedersachsen.

In der französischen Wirtschaft gibt es neben dem genannten Prozeß der Konzentration den einer Diversifikation, beides durch technischen Fortschritt und moderne Methoden des Handels hervorgebracht. Die Bereiche der Wirtschaft mit starker Konzentration und freiem Warenaustausch tendieren zu dem Modell der großen "oligopoles diversifiés" viel mehr als zu einem "capitalisme de monopoles spécialisés".[14o]

Diese Feststellung wird von französischen Nationalökonomen mit der anderen verbunden, daß die industriellen Konzentrationen während der ersten Jahre des gemeinsamen Marktes in Europa die nationalen Grenzen noch nicht übersprungen haben. Sie halten

---

14o Wikham, Sylvain, aaO. Nr. 5 S. 12

die weitere Entwicklung zu einer Differenzierung zwischen konzentrierten Sektoren und aufgespaltenen Sektoren (secteurs dispersés) der Wirtschaft für wahrscheinlicher als die zu einer uniformen Konzentration. Auswirkungen der konzentrierten auf die aufgespaltenen Sektoren können der gemeinsamen günstigen Entwicklung nützlich sein.[141]

Diese französische Lagebeurteilung und Prognose ist mehr als 2o Jahre alt. Sie bedarf der Fortschreibung.

Wir können heute eine deutliche Zunahme der deutschen Niederlassungen in Frankreich und der französischen in Deutschland feststellen. Der Zaun an der nationalen Grenze ist bereits niedriger und löchriger geworden, bevor er Ende 1992 abgerissen werden soll. Schon heute werden Waren von Dior oder Cartier ebenso selbstverständlich in deutschen Städten verkauft wie Produkte von Miele oder Mercedes in Frankreich. Während Renault neben der Regie in Frankreich eine organisatorisch selbständige Gesellschaft mit Sitz in Brühl für den Absatz von Autos in Deutschland unterhält, hat Daimler-Benz umgekehrt die frühere unabhängige französische Verkaufsorganisation aufgelöst und regiert heute wieder direkt aus Stuttgart auch über den Verkauf in Frankreich. Mir ist kein Urteil darüber möglich, ob dem steuerliche oder innerbetriebliche Ursachen zugrunde liegen oder eine unterschiedliche Verkaufsphilosophie.

Der französische Experte kommt weiter zu dem Ergebnis, das mir zwar einleuchtend, aber nicht typisch für die französische Wirtschaft, sondern ebenso auf die deutsche zuzutreffen scheint:
Je nach der Warengruppe und dem geographischen Standort der Unternehmen überwiegt einmal die Rivalität und ein andermal

---

141 aaO. Nr. 12 S. 13

die Kooperation zwischen den Unternehmen. Schon dem laienhaften Beobachter ist klar, daß die coopération zwischen zwei Schuhfabriken diesseits und jenseits des Rheins keine Schwierigkeiten machen dürfte, da der Kunde sehr wohl Schuhe verschiedener Provenienz nebeneinander erwerben kann, und die Konkurrenz bekanntlich das Geschäft belebt. Dagegen dürfte kein Weg an der rivalité der zwei Autoproduzenten Mercedes und Citroen vorbeiführen, da der Kunde in der Regel nur ein Auto zum gleichen Zeitpunkt sich anschaffen wird.

"Aus diesem Umstand", fährt unser Autor fort, "erklärt sich die Instabilität der Beziehungen" zwischen den Firmen auf dem jeweiligen Markt und die "indétermination" des Größenwachstums jeder großen Firma.

Das wesentliche Schlußergebnis seiner Untersuchung faßt der Autor folgendermaßen zusammen:
"Da es industrielle Gruppierungen internationaler Dimension gibt, und die marchés concentrés weniger streng determiniert sind, wird es für die nationalen Autoritäten immer notwendiger im Grundsatz und immer leichter zu verwirklichen in der Praxis, die großen wirtschaftlichen Entscheidungen, sowohl die öffentlichen wie die privaten, gemeinsam zu treffen". Der Kern dieses wissenschaftlich breit unterbauten Resultats läßt sich einfach und schlicht zusammenfassen:
Eine deutsch-französische wirtschaftliche Zusammenarbeit muß weiter verstärkt werden.[142]

---

142 Wikham, aaO. Nr. 6 und 7, S. 12

Nur als kritische Fußnote fügt der Verfasser die Anmerkung an, daß die wissenschaftliche Analyse wirtschaftswissenschaftlicher Art und die entsprechende nationalökonomische Terminologie m.E's die einfachen Sachverhalte und Beurteilungen nicht im Wert steigern. Falls das eine Voreingenommenheit des Juristen gegenüber dem Ökonomen sein sollte, besteht diese nicht nur gegenüber den französischen Vertretern dieses Fachs.

Der Vergleich der beiden Volkswirtschaften in ihrer Entwicklung nach dem letzten Weltkrieg führt den Franzosen zu dem Anerkenntnis eines deutschen Vorsprungs, insbesondere wenn die Zahlen des Exports in die ganze Welt hinzugezogen werden. Dabei spielen alte Vorurteile verallgemeinender Art auf beiden Seiten eine Rolle:
"Faul" ist der französische Einzelhändler sicher nicht, der an Sonn- und Feiertagen seine Bäckerei, Metzgerei, das Milch- und Käsegeschäft vormittags geöffnet hat; nur freiwillig dürfen ihm nach der Rechtslage nicht verwandte oder verschwägerte Arbeitskräfte helfen. Kein Ladenschlußgesetz hindert einen Verkauf bis in die späten Abendstunden, wobei örtliche und individuelle Entscheidungen, die "usance" wichtiger sind als der Inhalt der Paragraphen. Ähnliches gilt für den französischen Handwerker.

Vergleiche in der Effizienz der Industrie möchten wir vermeiden, insbesondere was die Innovationen angeht; dieser Begriff verdrängt offenbar heute das, was früher Rationalisierung, Erfindung und technischer Fortschritt hieß. Von Branche zu Branche dürften die Verhältnisse anders und zudem in ständiger Veränderung sein. Noch schwieriger ist eine Beurteilung des Handels. Die wirtschaftliche Leistungsfähigkeit eines Unternehmens in der Konkurrenz zu anderen bezeichnen wir als die Wettbewerbsfähigkeit.

Alljährlich veröffentlicht das European Management Forum in Genf eine Untersuchung, die eine Rangliste der internationalen Wettbewerbsfähigkeit ergibt. 1983 führten diese Liste der westlichen Industrienationen Japan und die Schweiz auf den beiden ersten Plätzen an. Die Bundesrepublik Deutschland

---

Die im Anhang angefügte Zusammenstellung der französischen wettbewerbsrechtlichen Gesetzgebung enthält auch die wichtigen, vorstehend der Übersichtlichkeit wegen nicht erwähnten Gesetze und Verordnungen.

belegte hinter den USA den vierten Platz, und Frankreich folgt hinter Belgien und Großbritannien auf dem 15. Platz. Diese Untersuchung berücksichtigt unter fast 3oo Kriterien u.a. Arbeitskosten, Investitionen, die Finanzkraft, Bevölkerungsstatistik, Bildungsniveau, Motivation und Struktur der Beschäftigten, Ausstattung mit Rohstoffen, Steuerbelastung, protektionistische Maßnahmen des Staates und die Innovationsbereitschaft.

Die Ökonomen stimmen darin überein, daß die beiden Spitzenreiter Japan und die Schweiz, die beide über besonders wenige Rohstoffe verfügen, ihre internationale Wettbewerbsfähigkeit fast ausschließlich einer motivierten Arbeiterschaft und gutem Management verdanken. Italien und Spanien folgen noch hinter Frankreich. Die Häufigkeit, Dauer und Art der Streikaktionen dürfte für die Industrie und ihre Ergebnisse auf das Jahr bezogen wichtig sein; diese sind in Deutschland seltener als in Frankreich.[143]

143 Zahlen und Rangfolge ist entnommen "Aktuell, Das Lexikon der Gegenwart", 1984, Chronik-Verlag, Dortmund

4. Kapitel

Die Reform-Verordnung vom 01.12.1986: Freiheit der Preise

A Sinn und Zweck der Verordnung

Bei der Reform-Verordnung, der Ordonnance vom 01. Dezember 1986, handelt es sich nach den Worten des Wirtschaftsministers Balladur "nicht um mehr und nicht um weniger, als den Rahmen für die Beziehungen unter den "agents économiques", den Wirtschaftssubjekten, für die nächsten 2o Jahre zu definieren.

Das Gesetz verfolgt drei Ziele:
Die auf die Nachkriegswirtschaft abgestellte Ordonnance vom 30. Juni 1945 "relative aux prix" wird aufgehoben und durch neues Preisrecht ersetzt.
Der Staat wird von Entscheidungen entlastet, um den Unternehmen ihre ökonomische Freiheit wiederzugeben.
Schließlich soll die französische Wirtschaft auf den großen europäischen Binnenmarkt vorbereitet werden.

Der Minister unterscheidet mit anderen Worten:
Ein anachronistisch gewordenes Gesetz wird durch ein neues ersetzt, eine wirtschaftspolitische Kurskorrektur zu mehr Liberalismus sowie der Ausblick auf den Binnenmarkt, der motivieren soll.

Das Gesetz umfaßt drei Teile:
"Dispositions relatives à la liberté des prix et à la transparence du marché.
Dispositions relatives au libre fonctionnement du marché.
Dispositions relatives au contrôle des pratiques économiques illicites".

Der schon zitierte Wirtschaftsminister fuhr in seiner Pressekonferenz im Mai 1986 mit dem Hinweis darauf fort, daß die tiefgreifenden Veränderungen in den letzten Jahren ebenso die großen "Massenverkäufer" wie die kleinen spezialisierten Geschäfte erfaßt hätten. Die Großhandelsfirmen und die "grandes surfaces", besonders in der Ernährungswirtschaft, sind in eine übermächtige Position gegenüber den Erzeugern hineingewachsen. Der sicher zu solchen Urteilen kompetente Minister hat behauptet, diese Umkehrung der Machtverhältnisse habe gezeigt, daß die bestehende Gesetzeslage der Situation nicht mehr gewachsen sei; das treffe insbesondere zu auf die Kontrolle der Konzentrationen und Fusionen, des Mißbrauchs einer beherrschenden Stellung, der Transparenz der Preislisten und der Diskriminierungen.

In einer parallelen Entwicklung habe auch der spezialisierte Einzelhandel neue Formen des Verkaufs gefunden wie die "franchise" und die "distrubition sélective". Die Absicht gewisser Fabrikanten, ihre Waren nur noch an solche Weiterverkäufer zu liefern, die diese unter den besten Bedingungen auf den Markt brachten, habe zu vielen Streitigkeiten geführt, da ein zu hartes Verbot der Lieferverweigerung (refus de vente) bestehe.

Der Gesetzgeber hat angesichts dieser Veränderung der Beziehungen zwischen den Produzenten und den Verkäufern die Wahl zwischen einer Veränderung der Texte der gültigen Gesetze und Verordnungen und der Kodifizierung eines neuen Wettbewerbsrechts. Noch mit einem Gesetz vom 3o. Dezember 1985 hat der Gesetzgeber den ersten Weg beschritten, um eine Verbesserung der Konkurrenz zu bewirken; mit der Reform-Verordnung von 1986 hat er den zweiten Weg eingeschlagen. Dabei konnte er eine bedeutende Zahl von Veröffentlichungen auswerten, die die Reform des neuen Wettbewerbsrechts zum Gegenstand hatten.[144]

Der Minister hat den Bezug zwischen Preisfreiheit und Transparenz des Marktes folgendermaßen zusammenfassend charakterisiert: "Das generelle und unwiderrufliche Prinzip der Preisfreiheit wird in dem Gesetz verankert; im Gegensatz dazu wird ein deutlicher Akzent auf die Vorschriften gesetzt, die die Transparenz der Preise und der Konditionen des Verkaufs gewährleisten sollen. Die Unternehmungen müssen die Freiheit besitzen, bestimmte Preise herabzusetzen und andere

---

144 Novella und Ferrier, aaO. S. 1
Die genannten Studien haben u.a. folgende Titel: "Pour une réforme du droit de la concurrence", März 1986, herausgegeben von der Chambre de commerce et d'industrie de Paris, "Liberté d'entreprendre et concurrence", April 1986, herausgegeben von dem Institut du commerce et de la consommation, sowie "Traveaux sur le droit de la concurrence", Juli 1986, herausgegeben von dem Institut La Boétie.

Preise anzuheben; aber das muß klar und unverschleiert geschehen, damit der Kunde sich ein Urteil bilden und vergleichen kann und so seine Rolle als Schiedsrichter auf dem Markt spielen kann."[145]

B Art. 1 Abs. 1: Grundsatz der Preisfreiheit

Der Kern der Reform besteht demnach darin, daß nach der aufgehobenen Preisverordnung von 1945 die Preisbindung, die Preiskontrolle durch die Verwaltungsbehörden, in letzter Instanz durch den Wirtschaftsminister in Paris die Regel war und die Preisfreiheit eine Ausnahme, eine "modalité de ce controle", eine Ausführungsart der staatlichen Kontrolle; jetzt ist die Ausnahme die Regel geworden, die Preisfreiheit.

Die Juristen haben im Schrifttum schon auf die Selbstverständlichkeit hingewiesen, daß die eingeführte Freiheit der Preisfestsetzung durch die Unternehmen nur gegenüber der Verwaltung und den ausführenden Behörden heute geltendes Recht ist; nichts aber das Parlament als Gesetzgeber hindert, seine Entscheidung von 1986 generell oder begrenzt wieder zu ändern und -selbst ohne daß außergewöhnliche Umstände sich ergeben haben- ein neues Gesetz zu verabschieden, das die Preise wieder insgesamt oder für bestimmte Waren oder Dienstleistungen eingrenzt und bindet. Die Preiskontrolle war dazu bestimmt, die Gewerbetreibenden dazu zu veranlassen, ihre Preise (prix et tarifs) nur gemäß der nationalen Inflationsrate und nicht nach den reellen Produktivitätsfortschritten zu fixieren. Im Unterschied dazu werden die Preise im Kontext mit der Freiheit der Preise allein im Spiel des Marktes bestimmt.

---

145 Novella und Ferrier, aaO. S. 9 aus der Ansprache des Wirtschaftsministers vor den Députés de l'Assemblée Nationale am 15. Oktober 1986.

Es ist deshalb unentbehrlich, daß alle Gewerbetreibenden klar den jeweiligen Zustand des Marktes kennen. Darin liegt der Grund dafür, daß das Reformgesetz den Grundsatz der Freiheit der Preisfestsetzung mit verschiedenen Maßnahmen verknüpft hat, die die Transparenz der Handelsbeziehungen gewährleisten sollen: Dazu gehören nach Art. 28 des Gesetzes und den anschließenden Bestimmungen die Offenlegung der Preise, der Verkaufsbedingungen, der Rechnungsstellung, der Preistabellen (barèmes) u.a. Manche der französischen Gesetze wecken in ihrer weitgreifenden Benennung die Aussicht auf bedeutende Reglementierungen, die manchmal durch nur mehr punktuelle, wirtschaftspolitische Anordnungen ein wenig enttäuscht wird.

Art. 1 Abs. 2: Ausnahmen durch den Gesetzgeber

Nachdem wir oben den im Abs. 1 des Article premier der Ordonnance du 1er Déc. 1986 normierten Grundsatz zur freien Preisfestsetzung berichtet haben, ist die Anführung des Abs. 2 im Wortlaut erforderlich:

Trotzdem kann ein Dekret des Conseil d'Etat die Preise nach einer Beratung im Conseil de la concurrence festlegen in den Sektoren oder Gebieten, in denen der Wettbewerb eingeschränkt ist, sei es, weil eine Monopol-Situation besteht oder ernsthafte Versorgungsengpässe sich ergeben haben, sei es infolge von gesetzlichen oder verwaltungsmäßigen Eingriffen. [146]

Diese Bestimmung nennt zwei Gründe für eine Marktstörung, bei

146 "Toutefois, dans les secteurs ou les zones où la concurrence par les prix est limitée en raison soit de situations de monopole ou de difficultés durables d'approvisionnement, soit de dispositions legislatives ou réglementaires, un décret en Conseil d'Etat peut réglementer les prix aprés consultation du Conseil de la concurrence".

der der Preiswettbewerb versagt: Existenz eines Monopols oder mangelhafte, in der Regel nicht ausreichende Befriedigung der Nachfrage. Es bedeutet eine Stärkung des Grundsatzes der Preisfreiheit, daß Ausnahmen gemäß Abs. 2 nur nach der bremsend wirkenden Beratung im Conseil de la concurrence und weiterhin nicht etwa durch eine leichter zu schaffende, einfache Verwaltungs-Verordnung, sondern nur durch das hochrangige "Décret en Conseil d'Etat" zulässig sind.

Wir müssen uns noch im einzelnen mit dem Inhalt des 3. Absatzes des 1. Artikels befassen:
Der Grundsatz der Preisfreiheit ist durch die Reform-Verordnung für alle Waren, Güter und Dienstleistungen eingeführt worden, unabhängig davon, ob es sich um Preise von Industrieprodukten, um Preismargen von Zwischenhändlern, von Importeuren oder um Preise und Gebührenordnungen von Dienstleistungen handelt. Der Gesetzgeber hielt es aber für verfrüht, die Preise für alle Waren und Dienstleistungen freizugeben; offensichtlich wollte er zunächst die Auswirkungen der einschneidenden wirtschaftspolitischen Maßnahme beobachten und die Regierung weiter Entscheidungen treffen lassen. Deshalb ist in Abs. 3 ein Vorbehalt des Inhalts kodifiziert, daß die Bestimmungen der ersten beiden Absätze es nicht ausschließen, daß die Regierung in dem Conseil d'Etat ein Dekret erläßt, das sehr hohe Preissteigerungen bekämpft und zeitlich begrenzte Maßnahmen anordnet, die durch eine Krisensituation, durch außergewöhnliche Umstände, durch einen öffentlichen Notstand oder eine offenkundig anormale Marktsituation auf einem bestimmten Sektor veranlaßt worden sind. Das Dekret darf nur nach Befragung des "Conseil national de la consommation" erlassen werden. Es legt die Dauer der Gültigkeit fest, die

sechs Monate nicht übersteigen darf.[147]

Art. 1 Abs. 3: Ausnahmen durch die Regierung

Der Aufbau dieser Gesetzesregel erschließt sich nicht auf den ersten Blick: Abs. 1 enthält den Grundsatz der Preisfreiheit, Abs. 2 sieht ein zeitlich begrenztes Dekret bei Wettbewerbsstörungen durch den Gesetzgeber vor, und durch Abs. 3 wird die Regierung ermächtigt, ein Dekret bis zu 6 Monaten Gültigkeit bei zeitlich und örtlich begrenzten Störungen des Marktes zu erlassen. Gegen das Monopol und andauernde Versorgungsschwierigkeiten soll der Gesetzgeber eingreifen; die Regierung soll aber gleichsam die Feuerwehr sein, wenn schnell gegen kleinere Störungen etwas getan werden muß.

Für die Ausnahme von der Preisfreiheit gem. Abs. 2 sind die Preise für die Elektrizität und Gas Beispiele wegen Monopol-Situation, Beispiel für Versorgungsschwierigkeiten ist die Situation in den überseeischen Departements Frankreichs. In beiden Fällen kann der Wettbewerb seine Rolle als Regulator wegen struktureller Schwierigkeiten nicht spielen. Von diesen "décrets de prix" kann kein übertriebener, zu häufiger Gebrauch gemacht werden, weil die Stellungnahme des Conseil de la consommation zwar nicht zwingend und bindend für die Administration ist, aber veröffentlicht werden muß.

---

147 "Les dispositions des deux premiers alinéas ne font pas obstacle à ce que le Gouvernement arrête, par décret en Conseil d'Etat, contre des hausses excessives des prix, des mesures temporaires motivées par une situation de crise, des circonstances exceptionelles, une calamité publique ou une situation manifestement anormale du marché dans un secteur déterminé.
Le décret est pris aprés consultation du Conseil national de la consommation. Il précise sa durée de validité qui ne peut excéder six mois."

Die in Abs. 3 behandelte zweite Ausnahme von der Preisfreiheit betrifft nicht, wie die erste Ausnahme im 2. Absatz begrenzte Sektoren, die durch strukturellen Mangel oder das Fehlen von Wettbewerb charakterisiert sind; diese Ausnahme entspricht vielmehr konjunkturell begründeten, extremen Preissteigerungen, die beinahe jede Art wirtschaftlicher Aktivitäten befallen können. Der Kommentator bezeichnet die erste Ausnahme als positiv, insofern sie das regelnde Intervenieren bei der Preisgestaltung erlaubt, um Abhilfe zu schaffen wegen mangelhaften Wettbewerbs auf bestimmten Sektoren. Die zweite Ausnahme nennt er negativ, weil die Behörden die Preise reglementieren dürfen, obwohl die Konkurrenz sehr wohl ihre Rolle spielt, mit dem Ziel einen Inflations - druck zu bremsen.[148]

Wie wir es schon bei älteren Gesetzen gefunden haben, sind auch die angeführten beiden Ausnahmebestimmungen mit Strafandrohungen versehen: Gemäß Art. 33 Abs. 1 des décret du 29. décembre 1986 wird der Verstoß gegen die beiden Bestimmungen mit Geldstrafen geahndet, die für contraventions de cinquième classe normiert sind.[149]

Diese Bestimmung bindet bezüglich der Höhe der Geldstrafe den Richter, bzw. den Beamten; eine Vorschrift, die m.E's der deutsche Gesetzgeber weder in ein Gesetz noch in eine Verordnung in dieser Form aufnehmen würde; notfalls würde er auf die Bestimmung eines anderen Gesetzes Bezug nehmen, wenn er für eine fühlbare Sanktion sorgen will.

Es mag sich dabei um nebensächliche Formalien handeln, die mir jedoch des unterschiedlichen Stils wegen erwähnenswert erscheinen; diese machen es notwendig, durch laufende Novel-

---

148 aaO. S. 19

149 2.5oo,- à 5.ooo,- F und im Falle des Rückfalls 5.ooo,- à 1o.ooo,- F.

lierungen die Verordnung der geänderten Kaufkraft der Währung anzupassen.

C Art. 2 - 6: Conseil de la concurrence

Die Art. 2 - 6 enthalten die Bestimmungen über den Conseil de la concurrence, der sich aus 16, auf Vorschlag des Wirtschaftsministers für die Dauer von 6 Jahren ernannten Mitgliedern zusammensetzt; 7 Mitglieder -also nicht die Mehrheit- sind oder waren hohe Verwaltungsbeamte oder Richter, 4 sind Experten und die restlichen 5 Mitglieder sind oder waren in der Produktion, dem Handel, dem Handwerk oder auf dem Gebiet der freien Berufe tätig. Gemäß Art. 6 muß die Regierung den Conseil de la concurrence konsultieren, wenn eine beabsichtigte Regelung die Ausübung eines Berufes, den Zugang zu einem Markt mit Mengenbeschränkungen, die Begründung von droits exclusives dans certaines zones und die Vorschrift von einheitlichen Praktiken berühren, die Preise und Verkaufsbedingungen betreffen.

Auf die dann folgenden Bestimmungen bis Art. 27 über die Kartelle und den Machtmißbrauch, die pratiques anticoncurentielles brauchen wir unter unserem Thema nicht eingehen.

D Art. 28: Transparence

Der Gesetzgeber, die pouviers publics sehen die Transparenz des Marktes als ein notwendiges Korolat zu dem Prinzip der Preisfreiheit an. Diese Meinung bestreiten einige Wirtschaftswissenschaftler mit der Begründung, die Durchsichtigkeit des Marktes führe zu einer Normalisierung der Geschäftsbeziehungen hin, die antinomisch zu jeder Konkurrenz sei. Diese müsse im Gegenteil auf einer bilateralen Verhandlung der Wirtschaftssubjekte beruhen, die die Undurchsichtigkeit der Abmachungen und der erreichten Vorteile voraussetze.[15o]

Diese These ist von dem Gesetzgeber verworfen worden, der zum ersten Mal den Begriff der transparence du marché in einen Text mit Gesetzeskraft aufgenommen hat. Er hat damit eine junge Rechtsprechung in Gesetzesrang erhoben. Diese hat die Zulässigkeit bestimmter öffentlicher Preisvergleiche ausgesprochen, die dazu beitragen "à assurer la transparence d'un marché soumis à la concurrence".[151]

Das Transparenzgebot gilt ebenso für die Beziehungen zwischen den Geschäftsleuten und den Konsumenten wie für das Verhältnis zwischen den professionels selbst.

In Art. 28 der ordonnance du 1er décembre 1986 heißt es:
"Tout vendeur de produit ou tout prestataire de services doit par voie de marquage, d'etiquetage, d'affichage ou par tout autre procédé approprié, informer le consommateur sur les prix, les limitations éventuelles de la responsabilité contractuelle et les conditions particulières de la vente selon des modalités fixées par arrêtés du ministre chargé de l'économie, apres consultation du Conseil national de la consommation."[152]

15o In diesem Sinne A. Cotta "Distribution , concentration et concurrence", Institut de Commerce et de la Consomation, juin 1985

151 Cass. com. 22. juillet 1986, D. 1986-436, note G. Cas.

152 Jeder Verkäufer einer Ware oder jeder Anbieter einer Dienstleistung muß auf dem Wege der Kennzeichnung, durch Etikette, durch Anschlag oder durch jedes andere geeignete Verfahren den Verbraucher informieren über den Preis, die etwaigen Begrenzungen der vertraglichen Haftung und die besonderen Bedingungen des Verkaufs gemäß den in den Verordnungen des Wirtschaftsministers festgelegten Regelungen, nach Konsultation des Conseil national de la consommation.

Der Inhalt dieser Informationspflicht umfaßt nicht in genereller Weise alle Elemente, die eine bestimmende Bedeutung für den Verbraucher haben, sondern er ist begrenzt auf den Preis, gegebenenfalls auf Einschränkungen der vertraglichen Haftung und auf besondere Bedingungen des Verkaufs. Diese Formulierung enthält keine Mitteilung über die besonderen Eigenschaften der Ware oder der Dienstleistung, über deren Tauglichkeit, die erwartet werden darf, und die Besonderheiten der Benutzung; dagegen enthält sie die Bestandteile wirtschaftlichen und kommerziellen Charakters, die der Gewerbetreibende dem Verbraucher mitteilen muß, damit dieser nur in voller Kenntnis der Sache eine vertragliche Verpflichtung eingeht. Die angewandten Vokabeln, insbesondere die Wendung "conditions particulières de vente" sind genügend weit, um den größten Teil der Informationen abzudecken, die der Verbraucher zu einer vergleichenden und vollständigen Sachentscheidung braucht. Dazu gehören m.E's so verschiedene Elemente wie Mitteilungen über Zahlungsfristen, Verzugszinsen und über die rechtliche Qualifikation der Vorauszahlungen; dabei ist der Unterschied zwischen "arrhes" (Aufgeld, Angeld) und "acomptes" (Anzahlung, Abschlagszahlung) selbst für Franzosen der Gegenstand strittiger Abhandlungen. Zu den Elementen dieser Mitteilungen können auch noch solche über Lieferfristen, über die Konditionen des Ersatzes oder der Erstattung beschädigter Produkte, über die Grenzen der Vertragshaftung und die Auflösung des Vertrages gehören.

Der Verkauf mit Prämien war durch ein umfangreiches Gesetz Nr. 51-356 vom 20. März 1951 geregelt. Durch Art. 29 der Reform-Verordnung ist dieses Gesetz aufgehoben und durch eine auf das Wesentliche beschränkte Regelung ersetzt worden: Die Gewährung jeder kostenlosen Prämie -bestehend in Produkten, Gütern oder Dienstleistungen- wird untersagt, die mit dem Verkauf oder dem Kaufangebot gegenüber dem Verbraucher verbunden ist, außer diese Prämien sind identisch mit dem

Gegenstand des Verkaufs oder der Dienstleistung. Von dieser Regel sind geringwertige Waren, Dienste geringen Wertes und Warenproben ausgenommen.[153]

Verboten ist demnach nur die Prämie, die akzessorisch zu einem entgeltlichen Hauptvertrag ist; anderenfalls handelte es sich rechtlich in Wirklichkeit um ein Geschenk. Folglich ist es zulässig, in der Werbung jedem -gewöhnlich für eine begrenzte Zeit- eine Ware umsonst zu versprechen, der das Geschäft des Annoncierenden aufsucht, wenn diesem keine Verpflichtung zum Kauf auferlegt wird. Auch der kostenlose Transport der Kunden aus dem Umkreis der Städte ins Zentrum zum Geschäft oder umgekehrt, -da die grandes surfaces in der Regel mit großen Parkplätzen am Rande der Städte liegen-, ist rechtmäßig, solange keine Kaufverpflichtung mit dem unentgeltlichen Transport gekoppelt ist. Dasselbe muß gelten, wenn -wie kürzlich in Deutschland praktiziert-, der Geschäftsinhaber den Preis des Fahrscheins des öffentlichen Verkehrsmittels ganz oder teilweise erstattet.

E Art. 29: Ventes avec primes

Art. 29 läßt Prämien als Ausnahme vom Verbot zu, wenn sie in demselben Produkt, Gut oder Dienst bestehen wie der Vertragsgegenstand. Folglich sind Prämien in Bargeld als Nachlaß vom

153 Art. 29: "Est interdite toute vente ou offre de vente de produits ou de biens ou toute prestation ou offre de prestation de services, faite aux consommateurs et donnant droit, à titre gratuit, immediatement ou à terme, à une prime consistant en produits, biens ou services, sauf s'ils sont identiques à ceux qui font l'objet de la vente ou de la prestation. Cette disposition ne s'applique pas aux menus objets ou services de faible valeur ni aux échantillons.

Preis oder als Rabatt etwa aufgrund einer carte de fidélité nach französischem Recht erlaubt.

In dieser Gesetzesauslegung stimmen die Kommentatoren umsomehr überein, weil das frühere, jetzt aufgehobene einschlägige Gesetz vom 20.03.1951 in seinem Art. 3 solche Bar-Nachlässe und Rabatte ausdrücklich von dem Prämienverbot ausgenommen hat. Die Redakteure des Reformgesetzes hielten diese Bestimmung für überflüssig, da Bar-Prämien "durch ihre Natur selbst autorisiert seien". Im Gegensatz dazu sind Prämien nicht erlaubt, die in Produkten, Vermögenswerten (Immobilien, Wertpapieren, Aktien u.a.) oder Dienstleistungen bestehen, die nicht identisch mit denjenigen sind, die das Objekt des Hauptvertrages sind.[154]

Nach dem alten Recht von 1951 hatte man es z.B. als zulässig angesehen, daß mit dem Verkauf eines Farbfernsehers ein kleiner Schwarz-Weiß-Fernseher als Prämie zugegeben wurde. Handelt es sich nun um ein produit différent oder ein produit identique im Sinne des neuen Art. 29 ? Novella und Ferrier, deren Monographie wie folgen, halten es in diesem Beispiel für möglich daß die "Identität" der beiden Fernseher verneint wird, wenn man den Grundsatz der strengen Wortinterpretation anwendet, den der französische Jurist auf jede Gesetzesbestimmung anwendet, die eine strafrechtliche Auswirkung haben kann. Trotzdem plädieren unsere Autoren für die Beibehaltung der referierten großzügigeren Rechtsprechung, weil sie insgesamt eine Tendenz des Reformgesetzes feststellen, das kein Verbot jeden Geschenks kennt, die Untersagung der Prämiengewährung beim Verkauf abzuschwächen (à assouplir). Sie sehen erst da die Grenze, wo der distributeur mit Verlust verkauft, weil sein Verkaufspreis nach Abzug des Preises der Prämie unter den "prix d'achat effectif" absinkt.

---

154 Novelle und Ferrier, aaO. S. 36 Nr. 48

3. Teil

Die Anwendung des internationalen Wettbewerbsrechts auf französische und deutsche Unternehmen

3. Kapitel

Unsere Untersuchung betrifft das nationale Recht beider Länder. Beide gehören der Europäischen Gemeinschaft an und sind Verbandsländer der PVÜ. Schon wegen der Rückwirkungen beider Vertragswerke auf das nationale Recht ist ein Blick auf diese zu werfen. Spielt der "Leistungswettbewerb" in den Verträgen eine Rolle ?

Das nationale Recht ist grundsätzlich nicht auf im Ausland begangene Wettbewerbshandlungen, sondern nur auf Inlandsverstöße anzuwenden. Aber schon am Ende des 19. Jahrhunderts trat in vielen Industrie- und Handelsstaaten ein Interesse am Schutz ihrer exportierenden Wirtschaft auf.

A. Pariser Verbandübereinkunft von 1883 (PVÜ)
Kernbestimmung des § 1o bis PVÜ
Grundsatz der Inländer-Gleichbehandlung

Die PVÜ, die "Pariser Verbandsübereinkunft zum Schutz des gewerblichen Eigentums" wurde schon am 20.03.1883 abgeschlossen. Sie erstreckt sich auf das Patent-, Gebrauchsmuster-, Geschmacksmuster-, Warenzeichen- und Wettbewerbsrecht. Die mehrfach revidierte PVÜ besitzt eine eigene Verwaltungsorganisation. Wie Deutschland haben nicht alle Verbandsländer jede Novellierung akzeptiert; für Deutschland gilt bis heute die Stockholmer Fassung vom 14.06.1967.[155]

Soweit dieses mehrseitige, zum internationalen Privatrecht (IPR) gehörende Abkommen keinen ausreichenen Schutz gewährt, schließen die interessierten Verbandsländer ergänzende zweiseitige Verträge ab. Für ein derartiges bilaterales Abkommen

---

155 BGBl 197o II, S. 391

ist das deutsch-französische Abkommen zum Schutz geographischer Herkunftsangaben vom 08.03.196o ein Beispiel;[156] dieses Abkommen hat als Muster für andere zweiseitige Verträge gedient.

Als Staatsverträge verpflichten diese Abmachungen nur die beteiligten Mitgliedstaaten. Erst wenn sie in innerstaatliches Recht umgewandelt worden sind, können sie unmittelbar auf betroffene Staatsangehörige angewandt werden. Diese sog. Transformation des internationalen Vertrages in innerstaatliches Recht kann auf zwei Wegen verwirklicht werden: Entweder wird der Vertrag ratifiziert und als innerstaatliches Gesetz verkündet oder er wird inhaltlich in ein nationales, verkündetes Gesetz umgeformt.

Prinzipiell gilt das auch für das Gemeinschaftsrecht der EG. Wenn die fragliche Norm nicht nur Programmsätze enthält, sondern einen sachlich hinreichend konkretisierten Inhalt aufweist, ist diese von den Behörden und den Gerichten der Mitgliedstaaten uneingeschränkt anzuwenden.[157]

Wie oben bereits angeführt, ist die Hoheitsgewalt eines jeden Staates durch sein Hoheitsgebiet territorial begrenzt und wirkt grundsätzlich nicht in das Gebiet eines anderen souveränen Staates hinein; nach diesem Territorialgrundsatz gibt es also keine unmittelbaren Rechtswirkungen deutschen Rechts auf Franzosen und französischen Rechts auf Deutsche.

Wenn Wettbewerbshandlungen Auslandsbezug haben, d.h. ganz oder teilweise im jeweilig anderen Land begangen worden sind, entscheiden die sog. Kollisionsnormen des IPR, ob deutsches oder französisches Wettbewerbsrecht anzuwenden ist.

---

156 BGBl 1961 II, S. 22

157 EuGH vom 09.03.1978, Rs 1o6/77, Slg 1978, 629

Auf die Einzelheiten und teilweise strittigen, feineren Unterscheidungen einzugehen, gehört nicht zu unserer Aufgabe. [158]

Dagegen ist die Kernbestimmung der Pariser Übereinkunft, Art. 1o bis PVÜ, in ihrem vollen Wortlaut anzuführen:

(1) " Die Verbandsländer sind gehalten, den Angehörigen des Verbandes einen wirksamen Schutz gegen den unlauteren Wettbewerb zu sichern.

(2) Den Tatbestand unlauteren Wettbewerbs erfüllt jede Wettbewerbshandlung, die den anständigen Gebräuchen (usages honnêtes) auf dem Gebiet des Gewerbes oder des Handels zuwiderläuft.

(3) Insbesondere sind zu untersagen:

1. Jegliches Tun, das geeignet ist, auf welchem Wege es auch sei, eine Verwechslung mit der Niederlassung, den Waren oder der gewerblichen oder kaufmännischen Betätigung eines Wettbewerbers hervorzurufen;

2. die falschen Angaben im Handelsbetrieb, die den Ruf der Niederlassung, der Waren oder der gewerblichen oder kaufmännischen Betätigung eines Wettbewerbers gefährden". [159]

Während die Regelung in Abs. 3 der britischen Auffassung entpsricht, die vom Enumerationsprinzip ausging, stellt Abs. 2 in seiner abstrakten Formulierung die französische Auffassung dar. Diese Entstehungsgeschichte des Art. 1o bis PVÜ kann

---

158 Frh. von Schwind, La concurrence deloyale en droit international privé, in Coing-Festschrift 1982, II, S. 473-477;
Spätgens, Zur Frage der Anwendbarkeit deutschen Wettbewerbsrechts oder des Ortsrechts bei Wettbewerb zwischen Inländern auf Auslandsmärkten, GRUR 8o, 473-478

159 Wirner, Helmut, Wettbewerbsrecht und Internationales Privatrecht, 196o, S. 27

nicht so interpretiert werden, als ob die Delegierten damals diese Bestimmung als unmittelbar anwendungsfähige Vertragsnorm angesehen hätten. Ein französischer Delegierter selbst hatte nämlich, um die übrigen, einer Generalklausel zunächst ablehnend gegenüberstehenden Delegationen für diese zu gewinnen, ausgeführt: "Diese Formulierung ist noch nicht konform mit unserem nationalen Gesetz, oder -besser gesagt- unser Recht ist in der Entwicklung. Es geht gerade darum, das Recht in seiner Fortentwicklung zu beeinflussen und die nationalen Gesetzgebungen zu verbessern, und deshalb müssen diese Prinzipien in der Verbandsübereinkunft statuiert werden".[16o]

Roubier bezeichnet Art. 8 PVÜ als "normes d'activité intra-étatique" (innerstaatlich), die er von den "normes d'activité inter-étatique" (zwischenstaatlich) -z.B. Art. 4 und 6 PVÜ- und den "normes d'activité supra-étatique" (überstaatlich) -z.B. die Eintragungsregeln der internationalen Marke- unterscheidet.[161] Bei diesen Differenzierungen geht es dem Autor um eine Einteilung nach dem Zweck der Vorschriften.

Der PVÜ gehören alle Staaten an, die auch Mitglieder der EWG sind. Die Grundlage des verlangten Schutzes in Wettbewerbsangelegenheiten ist der Grundsatz der Inländergleichbehandlung oder der Gegenseitigkeit: Nach Art. 2 PVÜ sind alle Verbandsangehörigen ohne Rücksicht auf ihre Staatsangehörigkeit und ihren Wohnsitz wie Inländer zu behandeln. Für die Angehörigen der EWG-Staaten folgt im übrigen dasselbe aus dem vorrangigen allgemeinen Diskriminierungsverbot des Art. 7 EWG.

16o Wirner, aaO S. 27; Übersetzung des französischen Zitats aus Plaisant in PL 1949, S. 166 ff und S. 277. Plaisant selbst nimmt an, daß es sich bei Art. 1o bis PVÜ um eine Mindestschutznorn handle.

161 Roubier, aaO. Bd I S. 278 ff

Abs. 3 des Art. 1o bis PVÜ zählt schließlich einige besonders wichtige Erscheinungsformen unlauteren Wettbewerbs auf, nämlich insbesondere alle Handlungen, die geeignet sind, Verwechslungen mit der Niederlassung, den Erzeugnissen oder der Tätigkeit eines Wettbewerbs hervorzurufen (passing of), weiter Anschwärzungen (vgl. § 14 UWG) sowie schließlich Irreführungen im Sinne des § 3 UWG.[162]

Nach dem Grundsatz der Gegenseitigkeit haben französische Staatsangehörige ohne eine Hauptniederlassung in Deutschland nur insoweit Anspruch auf Schutz nach dem deutschen Wettbewerbsrecht, als deutsche Gewerbetreibende in Frankreich einen entsprechenden Schutz genießen.

B Kollisionsnormen

I. Alternative Geltung des Rechts des Handlungs- und Erfolgsortes

Kegel weist ausdrücklich darauf hin, daß es im Verkehrsinteresse liegt, daß jeder sein Verhalten so einrichtet, wie es der Rechtsordnung des Tatortes entspricht, "mag er nun als Täter angreifen, als Verletzter abwehren oder als Zuschauer sich einmischen."[163]

Danach ist für unerlaubte Handlungen die lex loci delicti, das Tatortrecht, maßgeblich. Darüber ist man sich im ganzen überall einig. Die Schwierigkeiten beginnen erst, wenn eine Tat mehrere Länder berührt, denn dann ist zwischen Handlungs- und Erfolgsort zu unterscheiden. Dann entsteht das noch strittige Problem, ob -in unserem Fall- deutsches oder französisches Deliktrecht anzuwenden ist, d.h. es muß "internationaldeliktrechtlich" entschieden werden. Materiellrechtlich sind die Handlung und der Erfolg gleichwertige Bestand-

---

162 S. z.B. Baumbach-Hefermehl, Warenzeichenrecht, Art. 1o PVÜ Rdnr 3 f
Emmerich, aaO. S. 35

163 Kegel, Gerhard, Internationales Privatrecht, 1985, S. 4o3

teile des Delikts: Keine unerlaubte Handlung ohne "Handlung", kein Delikt ohne "Erfolg".

Kollisionsrechtlich muß man entweder zwischen Handlungs- und Erfolgsort wählen oder beide kombinieren.

Für die Wahl des Handlungsortes spricht, daß der Täter mit dem Maß der Umwelt, in der er gehandelt hat, gemessen wird. Überschreitet er die Grenzen des dort Erlaubten, dann haftet er; bleibt er innerhalb dieser Grenzen, ist er frei.

Für die Wahl des Erfolgsortes im Sinne des Rechtsgutverletzungsortes spricht, daß er nach den Richtmaßen der Umwelt, in der er verletzt wird, geschützt ist. Er muß sich gefallen lassen, was um ihn herum erlaubt ist. "L'intérêt des tiers, facteur important de l'intérêt commun." (Das Interesse der Dritten ist ein wesentlicher Faktor des Gemein-Interesses).[164]

Kegel faßt seine Auffassung in dem Satz zusammen, daß das materielle Deliktsrecht "raumindifferent" ist. Um das Problem anschaulich zu machen, ein primitiver Beispielsfall: Ein Kraftfahrzeug verläßt mit einem gefährlichen Konstruktionsfehler die deutsche Fabrik, der deutsche Eigentümer und Fahrer am Steuer des Wagens verursacht schuldhaft in Frankreich einen Unfall, bei dem französische Staatsangehörige verletzt werden. Auch in Frankreich wählt man nach herrschender Lehre den Erfolgsort als Anknüpfungspunkt für das anzuwendende Recht.[165]

---

164 Kegel, Gerhard, aaO. S. 78, 4o3 u. 4o5

165 Clunet (Journal du Droit International 1984, S. 123 mit Anm. von Légier)

Kegel vertritt die mich überzeugende Meinung, daß die Interessen, die für die Anknüpfung an den Handlungsort sprechen, und die Interessen, denen die Anknüpfung an den Erfolgsort gerecht würde, sich die Waage halten. "Man kann deshalb nicht wählen, sondern muß Handlungs- und Erfolgsort kombinieren." Eine Kombination begünstigt entweder den Täter oder den Verletzten.

Der Täter wird begünstigt, wenn das Recht des Handlungsortes und des Erfolgsortes kumuliert werden: Kein Anspruch des Verletzten, wenn er nicht nach beiden begründet ist.

Der Verletzte wird begünstigt, wenn das Recht des Handlungs- und des Erfolgsortes alternativ gelten: Anspruch des Verletzten, wenn entweder nach dem Recht des Handlungsortes oder nach dem Recht des Erfolgsortes ein Anspruch besteht. Da diese Alternativität auch von der deutschen Rechtsprechung gewählt worden ist, gibt Kegel dieser Lösung den Vorzug, mit Recht, wie mir scheint.[166]

II. Ort der wettbewerblichen Interessenkollision

Im neueren Schrifttum des IPR werden viele andere Anküpfungsvorschläge gemacht; den traditionellen Vorschlägen zur Präzisierung der Anknüpfung an den Begehungsort stehen solche gegenüber, die schon die Prämisse der Doktrin, die auch Kegel vertritt, ablehnen.

Nur um einen Eindruck zu vermitteln, wird die Lehre von Troller referiert, da dieser der Frage nach dem Begehungsort von Wettbewerbsverletzungen sehr gründlich nachgegangen ist und seine Umschreibung des Begehungsortes als Ort der "wettbewerblichen Interessenkollision" die nachfolgende Rechtssprechung beeinflußt hat.

---

166 Kegel, Gerhard, aaO. S. 4o6, 4o7

Troller geht wie Hefermehl davon aus, daß Wettbewerbsverstöße nicht wie sonstige unerlaubte Handlungen bestimmte geschützte Rechtsgüter verletzen, sondern objektive Verhaltensnormen mißachten, die den Schutz der Wettbewerber beabsichtigen.[167] Da es an einem Rechtsgut fehle, das verletzt werden könnte, könne es für die Anknüpfung auch nicht auf "die Belegenheit dieses Rechtsgutes" ankommen; entscheidend sei vielmehr ein bestimmtes unlauteres Tätigwerden. Eine Anknüpfung unter Verwendung der herkömmlichen Begriffe von Handlungs- und Erfolgsort scheidet deshalb nach der Meinung von Troller aus. Nach seiner Auffassung sind Adressaten der Normen des Wettbewerbsrechts ausschließlich die Konkurrenten, deren gegenseitiges Verhältnis im Wettbewerb geregelt werden soll; er schließt die Abnehmer, die Verbraucher, ausdrücklich als Normadressaten aus. Der maßgebliche Ort der Wettbewerbsinteressenkollision liege demzufolge nur da, führt Troller aus, wo ein Wettbewerber versuche, sein Produkt mit unlauteren Mitteln "an den potentiellen Kunden zu bringen."[168]

Um seine Formulierung näherhin zu konkretisieren, unterscheidet er am Ort des Absatzes und am Produktionsort begangene Verstöße. Zu den ersteren zählt er alle Kontakte mit Kunden, soweit diese wettbewerbsrechtliche Verstöße enthalten; z.B. die Herbeiführung von Verwechslungen aller Art, der Vertrieb sklavisch nachgeahmter Produkte oder die Kundgabe unwahrer, anschwärzender Äußerungen.

Zu dem am Produktionsort begangenen Wettbewerbsverstößen zählt er die Abwerbung von Angestellten, Verleitung zum Vertragsbruch und Verletzung von Produktionsgeheimnissen; bei letzteren müsse der Ort der wettbewerblichen Interessenkollision

---

167 Troller, Kamen, Das IPR des unl. Wettbewerbs in vergleichender Darstellung, Freiburg, 1962, S. 127 ff, 111,113; BGHZ 35, 329, Kindersaugflaschen

168 Troller, Kamen, aaO. S. 117, 128

"ein bißchen in den Hintergrund treten, da der wettbewerbliche Geheimschutz ein absoluter sei", wie Troller wörtlich ausführt.[169]

So sehr der in das Schrifttum eingeführte Begriff der "wettbewerblichen Interessenkollision" zur Fixierung des Ortes des Wettbewerbsverstosses zunächst einleuchtend ist, so muß doch dieser nicht stets und in allen denkbaren Fällen am Ort der Absatztätigkeit liegen.

Eine umfassende Monographie des Kollisionsrechtes bei Wettbewerbsverletzungen mit Auslandsbezug[17o] gründet ihre Kritik an der Doktrin Trollers insbesondere auf deren Mangel, daß sie Verbraucher- und Allgemeininteressen vollständig vernachlässige. Diese Kritik weist weiter darauf hin, daß nicht alle "Verhaltensnormen" im Wettbewerbsrecht eine rein ordnende Funktion haben, sondern deren größerer Teil dem Schutz näher konkretisierbarer Interessen und Rechtsgüter diene, was Troller zu Unrecht vernachlässige.

III. Rechtsprechung des BGH zum Kollisionsrecht

Nachdem wir nun eine abweichende Doktrin der von Kegel aufrecht erhaltenen traditionellen Lehre im Schrifttum gegenübergestellt haben, wollen wir den Sachverhalt berichten, der der oben schon angeführten sog. Kindersaugflaschen-Entscheidung des BGH zugrunde liegt:

Eine deutsche Firma hatte Kindersaugflaschen einer ausländischen Firma sklavisch nachgebaut, um diese zu exportieren.

---

169 Troller, aaO. S. 141

17o Weber Wolfgang F., Die kollisionsrechtliche Behandlung von Wettbewerbsverletzungen mit Auslandsbezug. Eine Darstellung unter besonderer Berücksichtigung des österreichischen IPR-Gesetzes, des Schweizer Expertenentwurfs eines IPR-Gesetzes sowie der Möglichkeit von Harmonisierungsmaßnahman im Kollisions- und Wettbewerbsrecht für die Europäische Gemeinschaft, Frankfurt/Main, 1982, S. 65 - 68

Der BGH gibt in dieser Entscheidung Grundsätze auf, die er vorher für den Wettbewerb Deutscher mit Ausländern aufgestellt hatte, und läßt als Handlungsort für den unlauteren Wettbewerb in der Regel nur noch den Ort gelten, "wo wettbewerbsrechtliche Interessen der Mitbewerber aufeinanderstoßen", -von Troller in den Mittelpunkt seiner Doktrin gestellt-, "wo der Nachahmer unmittelbar im Wettstreit um den Kunden in die wettbewerbliche Stellung des Mitbewerbers eingegriffen oder das dort bestehende Interesse der Allgemeinheit, vor Täuschung bewahrt zu bleiben, verletzt hat."[171]
Der BGH läßt also für den Wettbewerb deutscher Firmen mit ausländischen nur noch das Ortsrecht, nicht mehr deutsches Recht gelten.

Für den Wettbewerb Deutscher mit Deutschen hat diese Entscheidung keinen Wandel gebracht. Für diesen wollte der BGH erreichen, daß Deutsche untereinander sich auch im Ausland an die deutschen Wettbewerbsregeln halten. Das Gericht nahm schon dann unlauteren Wettbewerb an, wenn in Deutschland Handlungen begangen wurden, die zu unlauterem Wettbewerb im Ausland führten. Diese Regel konnte den deutschen Unternehmer im Ausland gegenüber ausländischen Wettbewerbern benachteiligen, wenn das deutsche Wettbewerbsrecht strengere Maßstäbe als das ausländische anlegte. Kegel läßt für den Wettbewerb deutscher Firmen untereinander im Ausland deutsches Recht als sog. gemeinsames Personalstatut gelten, stellt aber fest, daß diese Frage offen bleibe.[172]

Der BGH hat in seiner sog. Stahlexport-Entscheidung von 1963 festgestellt -in Übereinstimmung mit Kegel-, daß das gemeinsame Heimatrecht in diesem Falle anzuwenden sei.[173]

---

171 BGHZ 35, 329 und 336

172 Kegel, aaO. S. 4o8

173 BGHZ 4o, 391 vom 20.12.1963 -Stahlexport-

Er sah bei Auslandswettbewerb von Inländern untereinander die Anknüpfung an das gemeinsame Heimatrecht in Ausnahmefällen als gerechtfertigt an.

Beide Prozeßparteien hatten inländische Fabriken und standen auf dem Markt für Stahlerzeugnisse im Wettbewerb. Die Beklagte versandte ein Werbe-Rundschreiben an inländische und ausländische Unternehmen, darunter auch Kunden der Klägerin. In diesem Schreiben nannte die Beklagte mehrere Herren mit Namen, die früher bei der Klägerin und jetzt bei ihr in leitender Stellung beschäftigt seien.

Für den BGH stand zunächst fest, daß hierin ein Verstoß gegen das deutsche Wettbewerbsrecht lag. Das Gericht sah nicht schon darin einen ausreichenden Inlandsbezug, daß die Werbeschreiben im Inland abgesandt worden waren. Der BGH läßt vielmehr für sein Urteil die Tatsache entscheidend sein, daß beide Parteien eine inländische Niederlassung besitzen und die andere Tatsache, daß sich der Wettbewerbsverstoß gegen den Betrieb der Klägerin richtete.

Das Gericht betont nochmals, von einer generellen Pflicht inländischer Wettbewerber, auch im Ausland ihren Wettbewerb nach den deutschen Vorschriften auszurichten, könne keine Rede sein. Die Entscheidungsgründe fahren dann mit dem Hinweis fort, die Anknüpfung an das gemeinsame Heimatrecht sei dem IPR grundsätzlich nicht fremd und in Fällen von Wettbewerbsverletzungen der vorliegenden Art gerechtfertigt. Unter zwei Bedingungen wendet das Gericht inländisches Recht auf den Wettbewerb von Inländern im Ausland an, soweit entweder ausschließlich inländische Konkurrenten auf dem ausländischen Markt vertreten sind, oder sich ein Wettbewerbsverstoß nach Art und Ziel unmittelbar gegen den Betrieb eines inländischen Konkurrenten richtet.[174]

174 BGHZ, aaO. S. 399

Wir kommen auf die am Anfang dieses Kapitels gestellte Frage zurück, ob der Begriff "Leistungswettbewerb" in den beiden Vertragswerken des internationalen Privatrechts von Bedeutung sei.

Mit einer einfachen Verneinung dieser Frage würden wir es uns zu leicht machen und der Rechtslage nicht voll gerecht. Wie der Sachverhalt selbst vielschichtig und differenziert ist, muß das auch unsere Antwort sein. Wenn § 1o bis PVÜ materiell-rechtlich den Begriff der "usages honnêtes" in den Mittelpunkt schiebt und die Verwechslungsgefahr sowie falsche Angaben im Handelsbetrieb als wesentliche Beispiele nennt, soll mittelbar letzten Endes der echten Leistung des Wettbewerbers zum Erfolg verholfen werden. Die aufgezeigte Beziehung zum "Leistungswettbewerb" ist sicherlich keine direkte, auf der Hand liegende. Bei der Untersuchung unbestimmter Rechtsbegriffe kommen wir allgemein nicht ohne differenzierende und verschiedene Grade der Bezüglichkeit unterscheidende Beurteilungen aus. Eine derartige schwache Ausstrahlung unseres Begriffs liegt vor.

6. Kapitel

Vergleich der wettbewerbsrechtlichen Entwicklung in beiden Ländern

I Das sogenannte "Richterrecht"

Eine Gemeinsamkeit in der geschichtlichen Entwicklung des deutschen und französischen Wettbewerbsrechts können wir hier bereits feststellen. In beiden Ländern haben sich bis heute gerühmte Vertreter der Rechtswissenschaft, der jurisprudence in Monographien dieser Materie angenommen und Definitionen, Systeme und Vorschläge für die Fortentwicklung dieses damals ganz neuen, wenig bekannten, kleinen Gebietes erarbeitet; es gehörte zu dem älteren Recht des Schutzes des Gewerbes, der Gewerbetreibenden und der Wirtschaft, wie wir heute den Begriff "gewerblichen Rechtsschutzes" auflösen müssen, beziehungsweise des "droit de la propriété industrielle", unter dessen Dach die "concurrence déloyale" abgehandelt wurde.

In beiden Ländern waren es die Gerichte, die mit den jeweils gültigen Gesetzesregeln durch ihre Urteile auf die Klagen der angegriffenen und verletzten Kaufleute, Gewerbetreibenden und Unternehmer hin diesen Rechtsschutz verschafften und damit zugleich Recht schufen, Recht fortentwickelten. Wenn man den Anteil der Lehre und der Rechtsprechung an der Begründung und der ältesten wie neueren Entfaltung des Wettbewerbsrechts vergleichen will, überwiegt die Bedeutung der Richtersprüche gegenüber den Doktrinen der Wissenschaft. In diesem Sinne wird das Wettbewerbsrecht allgemein ein "Richterrecht" genannt.

Auf die französische Geschichte des "droit de la concurrence" trifft das noch mehr zu als auf die deutsche Entstehung der ältesten gesetzlichen Normen. Mit dieser Feststellung haben wir auf das Zusammenwirken von Gelehrten und Richtern abgestellt.

Aber in einem ganz anderen, weniger gebräuchlichen Sinn ist der Begriff "Richterrecht" auf die Sprüche der Gerichte in wettbewerblichen Verfahren anzuwenden: Der Rechtsschutz wird gewährt, um einen wirtschaftlichen Mißstand im gewerblichen Leben zu beseitigen, faires Verhalten der Gewerbetreibenden zu erzwingen und gegebenenfalls einen finanziellen Schaden des Konkurrenten durch eine Schadensersatzzahlung des unredlich Handelnden auszugleichen. Ein Richterspruch, der diese Aufgaben erfüllen will, muß notwendigerweise alle Umstände des Sachverhalts, des Geschäftes zwischen den beteiligten Gewerbetreibenden sowie des Geschäftes mit ihren Kunden erforschen, werten und rechtlich ordnen, bevor er in der Lage ist, eine Gesetzesbestimmung auf den so ermittelten Sachverhalt anzuwenden und der Klage des redlichen Mitbewerbers stattzugeben oder diese zurückzuweisen. Diese Arbeit des Richters ist induktiv, sie geht von den einzelnen Tatsachen zu der rechtlichen Wertung über; diese, typisch für jedes richterliche Urteil im Zivil- wie im Strafprozeß, die durch nichts ersetzt werden kann, kennzeichnet die Entscheidung in Wettbewerbssachen in besonderer Weise; die zu konkretisierenden Generalklauseln und die Beachtung aller Umstände des Einzelfalls geben dem Richter in Wettbewerbssachen mehr Spielraum als z.B. bei der Subsumption des Sachverhalts unter kasuistisch oder zwingend gestaltete Gesetzesregeln.
Auch in diesem Sinne möchte ich von "Richterrecht" sprechen.

Neben der umfangreichen und vielfältigen Rechtssprechung der Zivilgerichte zum Schutze des lauteren Wettbewerbs auf der Grundlage des Art. 1382 und 1383 Code civil haben die Strafgerichte schon früh diejenigen verurteilt, die durch Zusammenschlüsse Preise künstlich erhöhten oder senkten. Solche Absprachen wurden durch Art. 419 Code pénal unter

Strafe gestellt, der bereits am 13.03.181o erlassen wurde. Die Preise sollten unbeeinflußt als Marktpreise aus dem freien Spiel von Angebot und Nachfrage entstehen. Diese am 03.12.1926 neugefaßte, in Abs. 1 enthaltene Norm gilt noch heute;[175] sie betrifft unlautere Handlungen des Konkurrenten.

II Die französische Kartellgesetzgebung

Die gültige, die Kartelle betreffende Regelung ist in dem Titel V "De la Concentration équonomique" (Art. 38 bis 44) der Reform-VO vom 01.12.1896 enthalten. Verglichen mit der älteren Gesetzgebung erweitert sie den Bereich der Kontrolle von Zusammenschlüssen und verstärkt auf diesem Feld die Befugnisse der Verwaltung. Deshalb mußte Art. 57 der Reform-VO Abs. 2 des Art. 419, der Kartelle betrifft, aufheben.

Gleichwohl geben wir den vollständigen Text des Art. 419 Code pénal einschließlich des nicht mehr gültigen Abs. 2 wieder, um ein geschlossenes Bild zu geben, zumal die Änderungen materiell geringfügig sind:

---

175 Art. 419 Code pénal:
Tous ceux:
1. Qui, par des faits faux ou calomnieux semés sciemment dans le public, par des offres jetées sur le marché à dessin de troubler les cours, par des suroffres faites aux prix que demandaient les vendeurs eux-mêmes, par des vois ou moyens frauduleux quelconque;
2. Ou qui, en exercant ou tentant d'exercer, soit individuellement, soit par réunion ou coalition, une action sur le marché dans le but de se procurer un gain qui ne serait pas le résultat du jeu naturel de l'offre et de la demande, auront, directement, ou par personne interposée, opéré ou tenté d'opérer la hausse ou la baisse artificielle du prix des denrées ou marchandises ou des effets publiques ou privés, seront punis d'un emprisonnement de deux mois à deux ans et d'une amende de 72oo à 36ooo francs. Le tribunal pourra, de plus, prononcer contre les coupables la peine de l'interdiction de sejour pour deux ans au plus.

"Alle diejenigen

1. die wissentlich durch die Verbreitung falscher oder verleumderischer Behauptungen in der Öffentlichkeit, durch Angebote, die in der Absicht, die Preise (les cours) zu stören, auf den Markt geworfen werden, durch Überbieten der von den Verkäufern selbst verlangten Preise, durch unlautere Mittel und Wege jeder Art
   oder
2. die allein (individuellement) oder mit Hilfe von Vereinigungen oder Absprachen (par réunion ou coalition), durch einen Eingriff in den Markt oder durch den Versuch eines solchen Eingriffes mit dem Ziel, sich einen Gewinn zu verschaffen, der nicht das Ergebnis des freien Spiels von Angebot und Nachfrage wäre,
   selbst oder über Dritte eine künstliche Erhöhung oder Senkung der Preise für Lebensmittel oder Waren oder öffentliche oder private Wertpapiere herbeiführen oder herbeizuführen versuchen,

werden mit Gefängnis von 2 Monaten bis zu 2 Jahren und mit einer Geldstrafe von 7oo bis 36ooo Franken bestraft."

Die freie Bildung des Marktpreises wird zutreffend als das geschützte Rechtsgut des Art. 419 Code pénal genannt.[176] Die Anerkennung der Berufsverbände durch das Gesetz von 1884 hat die Rechtsprechung zu Art. 419 in dem Sinne beeinflußt, daß sie zwischen "guten" oder "schlechten" Kartellen bzw. Absprachen (bonnes ou mauvaises ententes) zu unterscheiden begann.[177] Eine Unterscheidung, die noch heute nachwirkt.

Dabei werden unter "guten Kartellen", denen die Preisbeeinflussung durch Beschränkung des Wettbewerbs erlaubt ist, solche verstanden, die für die Allgemeinheit wirtschaftlich

---

176 Sennewald, Helmut, Kartelle und vertikale Wettbewerbsbeschränkungen in Frankreich, 1964, S. 1o

177 Krasser, aaO. S. 9

vorteilhafte Maßnahmen bezwecken; zu solchen gehört es z.B., die schädlichen Auswirkungen eines übermässigen Wettbewerbs wie Preisverfall und eine zerstörerische Konkurrenz zu verhindern, die Preise zu stabilisieren und eine rationellere Produktion herbeizuführen. Die "schlechten" Kartelle mißbrauchen ihre Monopolstellung.[178]

Außer mit der Geld- und Gefängnisstrafe können die Schuldigen gemäß Art. 419 Code pénal zusätzlich damit bestraft werden, daß ihnen der Aufenthalt in Frankreich für zwei Jahre mindestens bis zu fünf Jahren höchstens untersagt wird (vgl. 32 am Ende).

Die ehemalige Commission de la concurrence hat in ihren Jahresberichten mehrmals die Unwirksamkeit des französischen Kontrollsystems über die Concentration économique festgestellt;[179] dieses System war durch das Gesetz vom 19. Juli 1977 zuletzt normiert worden.

Die geltende neue Regelung in den Art. 38 bis 44 der Reform-VO dehnt das Feld der Kontrolle aus und verstärkt die Macht der Verwaltung.

Die gesetzliche Definition des Art. 39 lautet nunmehr:

> Der Zusammenschluß ergibt sich aus jedem Akt, welche Form dieser auch immer haben möge, der die Übertragung des Eigentums oder der Nutznießung eines ganzen Vermögens oder eines Teils an einem Vermögen, von Rechten und Obligationen eines Unternehmens bewirkt,
> oder aus einem Akt, der zum Gegenstand oder zur Wirkung hat, daß ein Unternehmen oder eine Gruppe von Unternehmen direkt oder indirekt über ein oder mehrere

---

178 Sennewald, aaO.S. 14, 15

179 Novella und Ferrier, aaO.S. 95 (Vgl. 84)

andere Unternehmen einen bestimmenden Einfluß ausübt.[18o]

Gemäß Art. 38 wird eine concentration nur dann der Beurteilung des Conseil de la concurrence unterworfen, wenn wenigstens zwei Unternehmen zusammen einen Marktanteil über einem bestimmten Prozentsatz besitzen.

Wir meinen, daß die französische Kartellpolitik mehr Nachsicht gegenüber Kartellen übt als die deutsche, während vertikale Beschränkungen schärfer unterdrückt werden.[18oa]

Erst die Erfahrung wird zeigen, ob die zunächst kompliziert und umständlich erscheinenden Bestimmungen der Reform-Verordnung zu einer wirksameren Kontrolle der Kartelle und von marktbeherrschenden Stellungen führen werden.

18o Novella und Ferrier, aaO. S. 148: "La concentration résulte de tout acte, quelle qu'en soit la forme, qui emporte transfert de propriété ou de jouissance sur tout ou partie des biens, droits et obligations d'une entreprise ou à un groupe d'entreprises d'exercer, directement ou indirectement, sur une ou plusieurs autres entreprises une influance déterminante."

18o a Belke, Rolf, Die Geschäftsverweigerung im Recht der Wettbewerbsbeschränkungen, Tübingen, 1966, S. 192; diese gründliche Untersuchung des refus de vente betrifft noch den nicht mehr geltenden Art. 37 § 1a der Preis- und Kartellverordnung vom 30. Juni 1945; die wiedergegebene Schlußfolgerung des Autors bleibt m.E's auch nach dem neuen, insoweit nicht wesentlich veränderten Recht auch heute noch zutreffend.

III Die unterschiedlichen Generalklauseln im Zivilrecht und andersartige strafrechtliche Sanktionen

Wenn wir rechtshistorisch die beiden Wege zum heutigen deutschen und französischen Wettbewerbsrecht zusammenfassend vergleichen, ist festzustellen:
In beiden Ländern war der Sieg der Gewerbefreiheit über die vielfältigen Bindungen in Gewerbe und Handel der Beginn zur Entwicklung dieses neuartigen Rechtsgebietes. In beiden Ländern wurden zuerst -in Frankreich viel früher als in Deutschland- Einzeltatbestände eines unlauteren, störenden, unredlichen, unerlaubten Wettbewerbs unter den Konkurrenten bekämpft.

Übereinstimmend war es die Rechtsprechung, die zum Schutze der fairen Mitbewerber die neuen Regeln bestimmte. In beiden Ländern wurden strafrechtliche und zivilrechtliche Sanktionen gegen die Störer nebeneinander eingesetzt, später durch verwaltungsrechtliche ergänzt. In Frankreich war jedoch von Anfang an der Anteil der strafrechtlichen Ahndung stärker als in Deutschland, verglichen mit den zivilrechtlichen Reaktionen.

Der wesentliche Unterschied im Recht des unlauteren Wettbewerbs der beiden Länder, der sich bis heute erhalten hat, liegt darin, daß die deutsche Generalklausel, die Norm des § 1 UWG, einem Spezialgesetz, die französische Generalklausel, Art. 1382 und 1383 Code civil, dem generellen Gesetz angehört. Dieser zunächst nur formale Unterschied, der den "Standort" der beiden Generalklauseln betrifft, scheint mir weniger bedeutsam zu sein als der materiellrechtliche Unterschied:
Die französische Generalklausel enthält als den zentralen Rechtsbegriff die "faute", das fehlerhafte Handeln, die Pflichtverletzung, während § 1 UWG als maßgeblichen Rechtsbegriff den Verstoß gegen die "guten Sitten" enthält.

B

I Wertung der Unterschiede

Der Überblick über das französische Wettbewerbsrecht (3. Kap.), der durch die Vielzahl der Spezialgesetze und Verordnungen verwirrt, soll nunmehr der deutschen Gesetzeslage vergleichend gegenübergestellt werden.

Während trotz des Zeitunterschiedes der Verkündung aus den beiden deutschen Gesetzen, dem UWG und dem GWB, ein gewisses System wie selbstverständlich hervortritt, fehlt ein ähnliches System im französischen Wettbewerbsrecht. Der deutsche Gesetzgeber ist weniger Pragmatiker als der französische. Schon der Verzicht auf eine Generalklausel in einem Spezialgesetz und damit die Ableitung der Wettbewerbs-Rechtsprechung aus der deliktsrechtlichen Generalklausel des Code civil haben die Weichen gestellt. Die zahlreichen Spezialgesetze waren durchweg die Antwort des Gesetzgebers auf aktuelle Bedürfnisse, die Reaktion auf jeweils neu entstandene Situationen im französischen Wettbewerbsleben.

Diese Eigentümlichkeit wird auch deutlich, als man die Linie des staatlichen Dirigismus teilweise verläßt und mehr -bei weitem nicht totale- Preisfreiheit anstrebt. Es versteht sich, daß die Initiative dazu nur aus der Politik der Regierung stammen konnte, an der sich die doctrine der jurisprudence und die jurisdiction, Lehre und Rechtsprechung, zu orientieren haben. Dieser kardinale Unterschied zum deutschen Wettbewerbsrecht läßt sich mit einem negativ wertenden Akzent, eben als der Mangel eines Systems beschreiben.

Dieselbe Medaille hat aber auch eine andere Seite:

Das ist die größere Nähe zur Wirklichkeit des täglichen Wirtschaftsgeschehens und die größere Anpassungsfähigkeit, die flexibilité. Je nach dem auch durch individuellen Stil und Neigung bestimmten Standort kann man diese positive Seite betonen und auch Gefahren in der deutschen Perfektion und begrifflicher Konsequenz sehen, die lebens- und praxisfern bis zu dem extremen, schlimmen "Fiat iustitia, pereat mundus" ausarten können. Die Synthese, der Mittelweg, wird wohl das Ziel sein.

Neben diesem, den Charakter der Gesetze betreffenden ersten Unterschied -Flexibilität gegen Systematik- steht der zweite offenkundige, formale Unterschied:

Nur zwei deutschen Gesetzen steht eine Vielzahl von Gesetzen und Rechtsverordnungen gegenüber. Die "ordonnance" entspricht nach deutscher Systematik der Rechtsverordnung mit Gesetzeskraft, während das "décret" der Ausführungsverordnung gleichzusetzen ist.

Diese beiden Unterschiede, ein methodischer und sachlicher sowie der letztgenannte formale und äußerliche verlieren an Gewicht, wenn wir die Betrachtung auf die Judikatur beider Länder ausdehnen. Die deutsche Rechtsprechung reagierte nämlich wie die französische oft schnell auf die Bedürfnisse der Praxis und schuf eine Rechtsprechung, die oft Vorbild einer Novelle zum Gesetz wurde.

II Der Verlustverkauf als ein Beispiel für nationale Unterschiede

Die Bestimmungen über den Verlustverkauf haben wir oben (4. Kap.) ausgespart, um diese jetzt als ein typisches Beispiel der deutschen Regelung vergleichend gegenüberstellen zu können.

Die Ordonnance vom 01.12.1986 enthält über die Revente à perte in dem Art. 32 folgende Strafbestimmung: Als "tatsächlichen Einkaufspreis sieht das Gesetz den auf der Kauf-Rechnung angegebenen Preis, erhöht um die Steuern aller Art und gegebenenfalls die Transportkosten an; der Händler, der eine unveränderte Ware (produit en l'etat) zu einem Preis unter seinem tatsächlichen Einkaufspreis weiterverkauft, wird mit einer Geldstrafe von 5.ooo,- bis 1oo.ooo,- F bestraft. Diese Vorschrift ersetzt die Bestimmung in Art. 1 des oben angeführten Finanzgesetzes -1oi no 63-628 du 2 juillet 1963-; diese Vorschrift definierte den "prix d'achat effectif" noch so, daß der Händler "von dem Lieferanten im Augenblick der Rechnungsstellung gewährte Rabatte oder Nachlässe jeder Art abziehen durfte" bei der Berechnung seines Gestehungspreises. Diese umständlichere Bestimmung ist in der gültigen einfach durch "Preis auf der Einkaufsrechung" ersetzt worden.[181]

Im Wiederholungsfall eines Verstosses gegen Art. 32 binnen 2 Jahren erhöht sich die Geldstrafe bis zu 2oo.ooo,- F und der betroffene Händler hat die Kosten der Veröffentlichung der Entscheidung in von der Behörde zu bestimmenden Zeitungen zu tragen.

---

181 Alle anderen Bestimmungen des Finanzgesetzes von 1963 blieben in Kraft außer Art. 4, der früher auf die ordonnance no 45-1483 du 3o juin 1945, nunmehr auf die Reform-Verordnung vom 01.12.1986 Bezug nimmt. Um die praktische Arbeit zu erleichtern und die jeweils gültige Gesetzesbestimmung anzuführen, stellen die Autoren im Anhang ihrer Darstellung der Reform-Verordnung in dem "Tableau comparatif de l'ordinnance no 86-1243 du 1er déc. 1986 et des textes législatifs abrogés ou modifiés" das Gültige jeweils dem Überholten gegenüber.

In dem Ermittlungsverfahren kann sich der Beschuldigte in einem Dilemma befinden: Gelingt ihm der Nachweis, daß der Lieferant von dem in der Rechnung angegebenen Preis noch einen Rabatt eingeräumt hat, wird er zwar nicht wegen Verkaufs unter Einstandspreis bestraft, wohl aber deswegen, weil er eine unrichtige Rechnung akzeptiert hat. Beides wird gleich hoch bestraft.[182]

Art. 31 regelt in allen Einzelheiten den erforderlichen Inhalt der Rechnung, die den Preis sowie "tous rabais, remises ou ristournes" -Rabatte, Nachlässe oder Rückerstattungen- die Ware oder die Dienstleistung betreffend neben einzeln angeführten anderen Bestandteilen enthalten muß.[183]

Gültig bleibt die Vorschrift des Finanzgesetzes, nach der in 6 Fällen ein Weiterverkauf mit Verlust "autorisiert" wird, z.B. beim Verkauf verderblicher Waren, von an die Jahreszeit gebundenen Waren, von aus der Mode gekommenen oder veralteten Produkten und von Waren, deren Preis an den der Mitbewerber angeglichen wird.

Das Beispiel des Verlust-Preises wird weiter erläutert: Lange hatten die Gerichte auf die Ahndung des Verkaufs unter Selbstkosten verzichtet, da sie nach den Gesetzen wirtschaftlicher Vernunft darauf vertrauten, daß ein Unternehmen zugrundegeht, wenn es eine längere Zeit hindurch Verlustpreise hinnimmt. Das trifft -ebenso in Deutschland- auch zu auf mittlere und kleine Anbieter, deren Absatzgebiet und Warensortiment klein ist. Es hat sich aber in Frankreich wie in anderen Ländern gezeigt, daß Unternehmen mit einem großen Warensortiment und weitem, fast die ganze Volkswirtschaft erfassendem Absatzgebiet es durchaus eine längere Zeit

---

182 Novella et Ferrier, aaO. S. 77 Nr. 1o3; ebenso IWB vom 25.10.1988 S. 718

183 Novella et Ferrier, aaO. Art. 31 S. 144

hindurch verkraften können, gewisse Waren zu Verlustpreisen zu veräußern, ohne ihren Bestand zu gefährden. Das ist möglich, wenn kleine Inseln solcher Verluste von einem Ozean von Gewinnen umgeben sind. Solche hervorstechend günstigen Angebote werden als Lockvogelpreise bezeichnet. Dieses Verfahren muß sich zum Schaden der kleinen und mittleren Händler auswirken.[184]

Dem begegnet die strafbewehrte Vorschrift des Art. 32 der Reform-Verordnung nicht nur im Interesse der Mitbewerber sondern auch der Verbraucher. Wenn der finanzstarke Konkurrent durch die Preisunterbietung den Mitbewerber vernichtet hat, wird er durch überhöhte Preise den vorangegangenen Nachteil mehr als auszugleichen versuchen. Außerdem erschweren es solche Lockvogel-Angebote dem Käufer, das gesamte Angebot zweier Mitbewerber zu vergleichen; ein echter Leistungsvergleich wird durch solche Differenzierungen des Angebots dem Käufer erschwert.[185]

In der Vergangenheit hat sich die französische und deutsche Gesetzgebung und Rechtsprechung national, ohne nachweisbare gegenseitige Beeinflussung -von teilweise schon erwähnten Ausnahmen abgesehen- entwickelt. Gleichwohl kann auch der Vergleich punktueller Regelungen im Bezug zu dem Leistungswettbewerb Hinweise ergeben.

Wir stellen deshalb nunmehr die einschlägige, unterschiedliche deutsche Lehre und Rechtsprechung dar. Die deutsche Literatur kennt keinen "gerechten" oder "angemessenen" Preis der Ware.

---

184 Krasser, Bd. IV Frankreich, Nr. 712 S. 496 stellt diese Überlegungen noch bezogen auf Art. 1 des Gesetzes vom 02.07.1963 an; sie treffen aber sachlich ebenso auf die neue Rechtslage gem. Art. 32 der Reform-Verordnung zu.

185 Krasser, aaO. S. 497

Dieser würde auch unfähige Kaufleute auf Kosten der Allgemeinheit am Leben erhalten. Die Freiheit der Preisgestaltung, auch zur Preisunterbietung und zum Verkauf mit Verlust einzelner Waren folgt aus dem Grundsatz, daß nach dem Leistungsprinzip die bessere Leistung, hier das günstigere Preisangebot, siegen soll. Da in der Marktwirtschaft kein Unternehmer einen Anspruch darauf hat, seine Kosten im Preis vergütet zu erhalten, kann der Marktpreis im Einzelfall ein effektiver Verlustpreis sein. Es kann deshalb grundsätzlich nicht wettbewerbswidrig sein, wenn ein Wettbewerber die Ware unter den Selbstkosten oder gar unter dem Einstands- bzw. Einkaufspreis verkauft. Zudem sind die "Selbstkosten" eine unsichere, kaum exakt bestimmbare Größe.

Ein dem Art. 32 entsprechendes gesetzliches Verbot, dem Verbraucher eine Ware mit verlust zum Kauf anzubieten, das wie das französische auch das belgische und luxemburgische Recht kennt, enthält die deutsche Gesetzgebung nicht. Wettbewerbswidrig und unzulässig kann der Verkauf unter den Selbstkosten erst dann werden, wenn die Verdrängung des Mitbewerbers nicht als Folge eines sachlichen Leistungsvergleichs, sondern durch die Verfälschung des Leistungsvergleichs eintritt. Das ist der Fall, wenn zu befürchten ist, daß die Mitbewerber allgemein vom Markt verdrängt werden, und dadurch der Wettbewerb völlig oder fast ganz auf diesem Markt aufgehoben wird.[186] Dabei handelt es sich dann um eine Marktstörung oder Marktbehinderung.

Allgemein ist also die Preisunterbietung in der Marktwirtschaft ein wettbewerbsgerechtes Mittel, ohne das es keinen funktionierenden Wettbewerb gibt. Hefermehl hält die Frage, ob dieses Mittel des Leistungswettbewerbs im Einzelfall unzu-

---

186 Baumbach-Hefermehl, aaO. Nr. 222 S. 647

lässig sein kann, für eines der schwierigsten Probleme des Wettbewerbsrechts.[187]

Reimer hält die Preisunterbietung mit Unterschreitung der Gestehungskosten sogar dann für zulässig, wenn sie lediglich dazu dienen soll, den eigenen Marktanteil auszuweiten.[188] Er verwirft die von Heintzeler vorgeschlagene Unterscheidung von Preisunterbietungen bei Preisgestaltung über und unter Selbstkosten. Fikentscher unterstützt ihn in dieser Auffassung, die auch mich überzeugt. In der Tat vermag die Kostengestaltung eines Betriebes in der Regel über die Angemessenheit seiner Preise im Wettbewerb nichts auszusagen.[189]

Schließlich kommt es bei Unternehmen mit einem breiten Sortiment, besonders im Handel, nicht auf den Stückgewinn, sondern auf das Gesamtergebnis an, da eine Mischkalkulation möglich ist.[19o]

Wir haben bezüglich des Verlustpreises, der nach französischem Recht grundsätzlich verboten und nur in Ausnahmefällen erlaubt ist, einen Gegensatz zur deutschen Rechtslage festgestellt, die kein gesetzliches Verbot kennt und nur in bestimmten Fällen den Verlustpreis als rechtswidrig beurteilt. Diese Unterschiedlichkeit deutet auf einen stärkeren planwirtschaftlichen Einfluß in Frankreich hin, um möglichst viele selbständige Existenzen zu erhalten und vor dem wirtschaftlichen

---

187 Baumbach-Hefermehl, aaO. Nr. 222 S. 647

188 Ulmer/Reimer, Das Recht des unlauteren Wettbewerbs in den Mitgliedstaaten der Europäischen Wirtschaftsgemeinschaft, Bd. III -Deutschland- 1968, München, Köln, Nr. 917 S. 668/669

189 Fikentscher, aaO. S. 264; diese Frage steht im Mittelpunkt der Schrift von Borchardt und Fikentscher, Wettbewerb, Wettbewerbsbeschränkung, Marktbeherrschung, Stuttgart, 1957, 3. Teil, III, 1 c;
Heintzeler, Wolfgang, Die Grenzen zulässiger Preisunterbietung, Berlin 1932,

19o Baumbach-Hefermehl, aaO. Nr. 232 S. 655

Ruin zu schützen; die deutsche Rechtslage dagegen läßt auf eine konsequenter geschützte Freiheit der Preisgestaltung in der Wettbewerbswirtschaft schließen, die mehr auf die kaufmännische Vernunft des Unternehmers vertraut.

Es ist interessant, daß dieser engere Standpunkt noch in dem französischen, im allgemeinen liberaleren Reform-Recht von 1986 festgehalten wurde. Das Motiv des Gesetzgebers dürfte mehr gesellschafts- und wirtschaftspolitisch, das deutsche Motiv, -auf ein gesetzliches Verbot zu verzichten-, eher dogmatisch-wirtschaftsrechtlich sein.

Aber treffen sich die beiden verschiedenen Wege nicht insofern wieder im Ziel, als eine möglichst große Zahl konkurrierender Anbieter sowohl einer gesunden Gesellschaftsstruktur als auch einer starken Wettbewerbswirtschaft dienen? Ich bejahe diese Frage, da die in Deutschland heute als Mittelstandspolitik oft propagierte Zielsetzung sich mit einer gesunden Wirtschaftspolitik im Interesse der Allgemeinheit vereinen können.[191]

---

191 Wir beenden die Wiedergabe von Beispielen der Reform-Verordnungs-Bestimmungen, da es für unsere Untersuchung nicht auf einen Überblick über alle Vorschriften der Reform-Verordnung ankommt. Eine meines Wissens noch nicht vorliegende Übersetzung der Schrift von Novella und Ferrier in's Deutsche -jedenfalls ist eine solche in keiner Kölner Universitätsbibliothek vorhanden- wäre zur Erleichterung der rechtsvergleichenden Betrachtung zu wünschen.

7. Kapitel

Die "libéralisation" im Vergleich zu dem "freien und lauteren Wettbewerb" als Gesetzeszwecke

A Bestandssicherung des freien und lauteren Wettbewerbs als ratio legis des deutschen Rechts

Die Frage nach dem zentralen Richtpunkt des neuen französischen Wettbewerbsrechts können wir nicht beantworten, ohne zuvor dieselbe Frage für das deutsche Recht beantwortet zu haben. Nur auf diesem Wege wird ein Vergleich möglich. Die Behauptung, die aufgezeigten Mängel des Begriffs Leistungswettbewerb würden es ebenso ausschließen, ihn in den Mittelpunkt des französischen Rechts zu rücken, wäre oberflächlich, da sie der Besonderheit des französischen Rechts nicht entspräche.

M.E's können manche langatmigen Ausführungen im älteren Schrifttum zu dem Problem des "geschützten Rechtsguts" und der Schutzsubjekte als überholt und entbehrlich angesehen werden. Der Name des UWG enthält die Aussage, daß der "lautere Wettbewerb" geschützt wird. Eben so liegt auf der Hand, daß das GWB -auch seinem Namen zu entnehmen-, die Freiheit des Wettbewerbs sichern soll.

Schließlich ist es herrschende Lehre, daß die Institution, der Bestand des Wettbewerbs geschützt wird; insoweit erinnern wir an das angezogene Urteil des Bundesverfassungsgerichts vom 22.05.1979.

Wenn auch bestimmte feinere Unterscheidungen und unterschiedliche Akzentsetzungen ihren wissenschaftlichen Wert -insbesondere für den Rechtshistoriker- behalten, sind noch viele Leerformeln und zumindest Binsenweisheiten im wettbewerblichen Schrifttum enthalten, dem eine gründliche Straffung und

Entrümpelung nur nützen könnte.

In dieser Hinsicht enthält die bereits angeführte Untersuchung von Merz eine berechtigte Kritik, die ihn zu der zusammenfassenden These führt, der ich mich anschließe:
"Schutzzweck" sowohl des GWB als auch des UWG ist die Freiheit des Wettbewerbs. Dies bedeutet in institutioneller Hinsicht den Schutz eines Systems freien Wettbewerbs und beinhaltet in individuellrechtlicher Hinsicht den Schutz der Handlungsfreiheit der Marktteilnehmer.[192]

Da die Freiheitsgarantie keinesfalls einem unlauteren Wettbewerbsverhalten zukommen kann, halte ich die Zufügung des Begriffs der Lauterkeit für sinnvoll; zumindest dient sie der Klarheit.

Wir bleiben bei unserer Überzeugung von der wirtschaftspolitischen Neutralität unseres Grundgesetzes, wenn wir gleichwohl dem Grundgesetz mit Merz "eine Grundentscheidung für eine freie Wettbewerbsordnung" entnehmen; das bedeutet ein Weniger gegenüber dem Leitbild der sozialen Marktwirtschaft. Eine Zentralverwaltungswirtschaft ließe sich jedoch nicht mit den Prinzipien unserer Verfassung rechtfertigen. Merz stützt diese Meinung, die Grundentscheidung für den freien Wettbewerb, außer auf die Art. 14, 12, 9 und 2 GG zurecht auch auf die Normierungen des UWG und GWB und die Privatrechtsordnung.

Schließlich bedarf es keiner besonderen Begründung, daß alle Marktbeteiligten die Schutzsubjekte des UWG sind.

Merz übernimmt weiterhin aus dem neuen wettbewerbsrechtlichen Schrifttum die treffenden Kennzeichnungen des Wettbewerbs

---

192 Merz, Andreas, Die Vorfeldthese, S. 292

als eines Entdeckungsverfahrens, als eines Such-, Informations- und Lernprozesses in dem Marktsystem; diese Funktion vermag die Konkurrenz durch die Marktprozesse zu entfalten, die ablaufen, wenn ohne Beschränkungen der Wettbewerbsfreiheit gewirtschaftet wird. "Wettbewerb wird geschützt, weil und soweit er geeignet ist, eine freiheitliche Lösung der ökonomischen Grundprobleme zu ermöglichen und so zu positiven Ergebnissen zu führen."[193]

Dagegen bleibt Merz eine überzeugende Begründung für seine Meinung schuldig, warum zwar die Marktbeteiligten geschützt seien, nicht aber die Allgemeinheit. Er hält die Formel vom Schutz der Allgemeinheit für "überflüssig und irreführend" und spricht ihr eine konkrete Aussagekraft ab. Keinesfalls darf diese von vielen Autoren mit Selbstverständlichkeit wiederholte Formel als irreführend qualifiziert werden; schon der plumpe Umkehrschluß, die Allgemeinheit werde nicht geschützt, deutet auf den Irrtum hin.

Dagegen fügt sich seine Ablehnung der sog. "Vorfeldlehren" in das von uns gewonnene Gesamtbild ein: Der Tatbestand der Marktstörung -zur Konkretisierung des Sittenwidrigkeitsbegriffes- kommt nicht ohne die Einzelmerkmale -Leistungswettbewerb und "Wettbewerbsbestandsgefährdung"- aus. Den Leistungswettbewerb nennt er eine "Leerformel ohne einen verwendungsfähigen und normzweckorientierten Inhalt. Der Tatbestand kann keinen Handlungsunwert begründen."[194] Wir haben dasselbe Ergebnis mit etwas schlichteren Worten bereits ausgesprochen.

---

193 Merz, aaO. S. 292

194 Merz, aaO. S. 294

Wir wagen die Annahme, daß unser Ergebnis sich im Rahmen der heute herrschenden Lehre befindet: Freiheit, Lauterkeit des Wettbewerbs und dessen Sicherung als Institution der Wirtschaftsordnung; wir verzichten deshalb darauf, weitere Belegstellen aus der Literatur anzuführen.

Wir empfinden es als einen Nachteil vieler sicherlich nicht abwegiger Formeln, z.B. ein Betätigungsrecht, eine Chance des Unternehmers, die Wettbewerbsordnung selbst zu benennen und damit mehr im Abstrakten zu bleiben. Die vorgeschlagene Formel "Bestandssicherung des freien und lauteren Wettbewerbs" soll komplex und materiellrechtlich aussagekräftig sein und zugleich auch einer Fortentwicklung des Wettbewerbsrechts Raum lassen; sie enthält letztlich keine nicht bereits ausgesprochene Erkenntnis der Rechtsprechung und Lehre und ist lediglich eine m.E's eingängige Zusammenfassung, die UWG- und GWB-Recht unter ein Dach bringt.

B "Libéralisation" du marché ist das Ziel des neuen französischen Wettbewerbsrechts

Während der deutsche Jurist vor allem auf das "Wie" des Wettbewerbs als unverzichtbar und selbstverständlich in unserer Wirtschaftsordnung schaut, steht für seinen französischen Nachbarn das "Ob" und "Wieviel" des freien Wettbewerbs noch auf der Tagesordnung des Wirtschaftspolitikers.

Bevor wir eine Antwort begründen, fragen wir den Mentor des älteren Rechts, Paul Roubier, der 1952 seine grundlegenden Werke verfaßt hat.

Er nennt die concurrence das "loi sociale par excellence", das aber kein absolutes Recht jeden Unternehmers, Händlers und Industriellen begründen könne; eine Bremse muß wirksam werden: Er begründet seine Lehre auf drei Grundsätze:

Die "idée d'ordre" im Inneren der Gesellschaft,

die "idée de justice", entscheidend für alle Rechte an der propriété industrielle und an den Marken- und Unterscheidungsmerkmalen anderer Art, und die

"idée de progrès", die als Lohn für den Tüchtigen das zeitlich begrenzte "Monopol" der Ausnutzung verlangt.[195]

Nach einer Beschreibung der "tendance socialisante de l'économie nationale" in seiner Zeit geht Roubier auf die wichtigsten Begriffe ein:

"fond de commerce" bezeichnet die Gesamtheit der von der Unternehmung benötigten Mittel, Immobilien-Rechte, Werkzeuge und Maschinen, Waren und Rohstoffe (matières premières), Kundschaft, Patente und Lizenzen, Warenzeichen, Wertpapiere (portefeuille), Lager (stock),

"entreprise" ist die Benennung der Unternehmung, die auf die Tätigkeit der Personen im Inneren des Betriebes abstellt,

"non-exploitants" als Gegenbegriff zu dem "exploitant" (Unternehmer) ist z.B. von praktischer Bedeutung für die Mitarbeiter-Erfindung.

"fabricant" entspricht dem deutschen Begriff, insbesondere in der Verbindung "patrimoine des fabricants", gebräuchlich zur Bezeichnung des Aktiv- und Passiv-Vermögens einer natürlichen oder juristischen Person als Rechtsgesamtheit (ensemble des biens et des obligations d'une personne)

---

195 Roubier, Paul, Le droit de la propriété industrielle, Paris, 1952, 1954; Bd. I: Part. Gen. enthält "Les droits privatifs" und "Les actions en justice"; Bd. II: Part. spec. (Sonderbestände); hier Bd. I, S. 1, 2, 5, 6, 7, 8 und 5oo

"débitants" oder "detaillands" umfaßt neben der Fabrikation den Verkauf, in der Mehrzahl der Fälle den Fabrikanten untergeordnet,
"co-exploitants" meint alle Formen von Gruppen der Unternehmer, z.B. socités, holdings, filiales, pools, cartels, trusts, outsiders licencés d'exploitation.[196]

In unserem Zusammenhang verzichten wir darauf, auf die Analyse und Kritik des Begriffs "déloyauté" einzugehen, den Roubier für zweideutig (ambigue) hält. Auch den von uns mit allen neueren Schriftstellern eingeführten Begriff der "concurrence illicite" hat Roubier verworfen und durch den anderen Begriff "concurrence interdite ou non autorisée" ersetzt.

An dem letzten Beispiel läßt sich zeigen, daß offenbar auch die juristische Terminologie einem Wandel unterworfen ist: Das eine Wörterbuch übersetzt "concurrence illicite" mit "unlauterer Wettbewerb", das andere "concurrence déloyale" ebenso mit "unlauterer Wettbewerb". Vom Wortsinn her ist "illicite" mit "unerlaubt", "interdite" mit "verboten" und "déloyale" mit "unlauter" zu übersetzen.[197]

---

196 zusätzlich zu Roubier: Lefebure, Dominique, Droit et entreprise, 1977, S. 46 ff; Einführung für Studenten und Nicht-Juristen schulmässigen Stils.

197 Weiß, Wörterbuch, Französisch-Deutsch, Stuttgart:
illicite: unerlaubt, rechtswidrig, unstatthaft,
interdite: verboten,
Doucet/Fleck, München, 1988, Wörterbuch der Rechts- und Wirtschaftssprache:
illicite: unerlaubt, widerrechtlich, unrechtmässig, rechtswidrig,
interdite: untersagt, unter Strafe gestellt, verboten
Langenscheidts großes Schulwörterbuch, 1982:
unlauterer Wettbewerb concurrence déloyale,
Weiß: concurrence illicite: unlauterer Wettbewerb

Es wäre vorschnell, einen der Übersetzer eines Fehlers, eines Irrtums zu zeihen. Nach dem heutigen französischen Wettbewerbsrecht schließen sich die Begriffe illicite und déloyale gegenseitig aus, bezeichnen wesentlich unterschiedene Rechtsbegriffe. Wir müssen aber bedenken, daß wir es mit einer lebenden Sprache zu tun haben, und daß die juristische Terminologie außer durch die Wissenschaftler durch die Judikatur geprägt wird. Im Ergebnis können wir also nur festhalten, daß Roubier sich mit dem von ihm vorgeschlagenen Begriff "concurrence interdite ou non autorisée" nicht durchgesetzt hat. Wie will aber auch der deutsche Jurist den Unterschied von "unerlaubt" und "verboten" vom Wortsinn her definieren ?

Je nach den eingesetzten Mitteln unterscheidet Roubier vier Hauptgruppen von unlauteren Wettbewerbshandlungen:

Moyens de confusion avec une maison rivale,
das Hervorrufen einer Verwechslungsgefahr hinsichtlich des Unternehmens selbst, der Unterscheidungszeichen der Waren, der Geschäftslokale, durch Nachahmung der Werbung eines Mitbewerbers usw.

Moyens de dénigrement,
die Anschwärzung des Konkurrenten; in diesen Fällen ist die Kundschaft nicht so direkt geschädigt wie durch die Wettbewerbshandlungen der ersten Gruppe, die zugleich die Konkurrenten schädigen.

Désorginasition d'une entreprise rivale,
Störung der inneren Organisation eines Konkurrenzunternehmens durch Mißbrauch von Betriebs- oder Geschäftsgeheimnissen, Abspenstigmachen von Angestellten eines Mitbewerbers, Unterdrücken der Werbung eines Konkurrenten usw.

Désorginasition générale du marché,

Störung der Organisation des Marktes im allgemeinen durch täuschende Werbung, Anmaßung von gewerblichen Auszeichnungen, Boykott, Preisunterbietung, Unterschreiten der vom Hersteller festgesetzten Wiederverkaufspreise usw.[198]

Für unsere Untersuchung können wir nur dieser Systematik entnehmen, daß keiner der Rechtsbegriffe dem des "Leistungswettbewerbs" entspricht oder nur nahe kommt, der als kennzeichnend für unlauteres Handeln verwendet wird.

Ebenso wenig werden wir in dieser Hinsicht bei anderen französischen Autoren fündig; sie benützen durchweg ähnliche Begriffe wie Roubier, z.B. Mermillod und Pichot.[199]

Einer gewissen Vollständigkeit halber ist ein in der Praxis der Gerichte bedeutende, häufig angestrengte Klage zu erwähnen: die "action en contrefacon de brevet", die Klage wegen einer Patentverletzung. Während die Klage wegen unlauteren Wettbewerbs lediglich die Sanktion einer Pflichtverletzung ist, ist die action en contrefacon die Konsequenz der Verletzung eines echten, absoluten Rechts. Daraus folgt die unterschiedliche Verteilung der Beweislast:
Bei der action en concurrence déloyale hat der Kläger zu beweisen, daß der ihm entstandene Schaden durch den Beklagten verursacht worden ist;
bei der action en contrefacon ist es umgekehrt, da das Patent als absolutes Recht von jedem Dritten respektiert werden muß, und jede Verletzung ipso facto zu einem Anspruch führt.[2oo]

---

198 Roubier, aaO. Bd. I S. 5o5
Krasser, Bd. IV, Frankreich, Nr. 1o8 S. 85

199 Mermillod, Louis, Essai sur la notion de concurrence déloyale en France et aux Etats-Unis, Paris 1954,
Pichot, Olivier, De la concurrence déloyale et de la contrefacon en matière commerciale et industrielle, Paris, 1924

2oo Roubier, aaO. S. 3o8 - 31o;
Krasser, aaO. S. 34 ff

Ähnlich ist die Rechtslage bei der Verletzung des Rechts an einem eingetragenen Markenzeichen. Bei dieser repressiven Klage kann der Verletzte wählen zwischen einer Klage vor dem Strafgericht und einer Zivilklage vor den tribunaux consulaires.[2o1]

Wenn wir nunmehr die heutige Situation des französischen Wettbewerbsrechts betrachten, erinnern wir zunächst an die Tatsache, daß es keine wirkliche Übersetzung unserer Begriffe "Leistungswettbewerb" und "Rechtsgut" gibt, während der Begriff der ratio legis geläufig ist.

Das ältere Wettbewerbsrecht war seinem Charakter nach weitgehend Polizeirecht mit starkem Gewicht strafrechtlicher Sanktionen; hinzukam ein Übergewicht des Wirtschaftsministers, der Verwaltungsbehörden und der "police économique".

Eine wesentliche Neuerung durch die Reform-Verordnung ist die Stärkung der Befugnisse des "Conseil de la concurrence" und der Gerichte verglichen mit denen der "Commission de la concurrence" nach altem Recht. Man stellt eine dépénalisation des pratiques discriminatoires, du refus de vente et des ventes subordonnées fest als zweite Säule der Reform. Der Wirtschaftsminister gibt an den neuen Conseil de la concurrence seine Zuständigkeit bezüglich der Kontrolle der Kartelle und des Machtmißbrauchs ab.

Auf der anderen Seite bleibt es in vielen Fällen unter bestimmten Bedingungen dabei, daß bei unlauterem Wettbewerb zivilrechtliche, strafrechtliche und "administrative" Maßnahmen je nach dem Einzelfall durch das Gericht, den Wirtschaftsminister oder den Conseil de la concurrence eingeleitet werden können.[2o2]

2o1 Roubier, aaO. S. 3o8;

2o2 Novella et Ferrier, aaO. S. 4 - 6

Es wäre ein Fehlurteil, etwa -in Parallele zum Gesetzeszweck des freien Wettbewerbs in der Bundesrepublik- die liberté du marché als den gesuchten Begriff zu bezeichnen. Vielmehr läßt sich z.Zt. noch nicht beurteilen, ob die Neuerungen des Reformrechts in Frankreich in großem Umfange oder einengend angewandt und akzeptiert werden. Es handelt sich um einen Entwicklungsprozeß, der von allen aufgezählten Stellen und nicht zuletzt von der Wirtschaftspolitik der Regierung selbst beeinflußt wird. Keinesfalls ist bereits eine Zielstrebigkeit und Stetigkeit einer liberalen Wettbewerbspolitik erreicht, von der wir in Deutschland zu sprechen berechtigt sind.

Im französischen Schrifttum finden wir deshalb Ausdrücke wie "un liberalisme économique mesuré", ein gemässigter, ein auf mehr Liberalismus und weniger Staat hinzielende Wirtschaftspolitik. Der Staat hat seine Befugnis zur Preisfestsetzung auf vielen Gebieten abgegeben, wenn er sie sich auch noch in den berichteten Sonderfällen wieder zurücknehmen kann. Ebenso hat die "police économique" nicht mehr dieselben Mittel zur Verfügung, die ihr früher gegeben waren.

Weiterhin findet man nunmehr die Entscheidung des Gesetzgebers, den Bereich des öffentlichen Wirtschaftens denselben Wettbewerbsregeln zu unterwerfen wie den privaten; Art. 53 der Reform-Verordnung bestimmt ausdrücklich, daß die Vorschriften der Verordnung "anzuwenden sind auf alle Tätigkeiten der Produktion, der Verteilung und der Dienstleistungen, darin eingeschlossen die der öffentlichen Körperschaften (qui sont le fait de personnes publiques)".[2o3]

2o3 Novella-Ferrier, aaO. S. 6, 155:
"Les règles définies à la presente ordonnance s'appliquent à toutes les activités de production, de distrubition et de services, y compris celles qui sont le fait de personnes publiques".

In einer Gegenwirkung dazu, daß der Staat einen beträchtlichen Teil der Kontrolle der Verhaltensweisen abgegeben hat, ist die der Strukturen -der wirtschaftlichen Konzentration- kräftig verstärkt worden.

Da der Conseil de la concurrence kein eigenes Initiativrecht hat (aucun pouvoir de saisine d'office en matière de concentrations), wird er auf die Anforderung eines Gutachtens (avis) durch den Wirtschaftsminister tätig, der einen Konzentrationsfall auf Anregung eines Unternehmens oder aus eigenem Antrieb aufgreift.

Gem. Art. 41 der Reform-Verordnung beurteilt der Conseil, ob der Plan oder die Maßnahme der Konzentration "einen ausreichenden Beitrag zu dem wirtschaftlichen Fortschritt leistet, um die Beeinträchtigung des Wettbewerbs auszugleichen". (..."apporte au progrès économique une contribution suffisante pour compenser les atteintes à la concurrence").[2o4]

Im Gegensatz zu Art. 7 des Gesetzes von 1977 ist der Conseil nicht mehr befugt, gegebenenfalls die Maßnahmen anzugeben, die er für erforderlich hält. Der Conseil hat nur den wirtschaftlichen Fortschritt und nicht -wie früher- auch den sozialen Fortschritt in Betracht zu ziehen.

Den sozialen Fortschritt sollen ausschließlich die "pouvoirs publics" beurteilen. Daraus folgt: Selbst wenn die wirtschaftliche Bilanz des Conseil negativ ist, könnte die Administration wegen der Konzentration nicht intervenieren, die sie aufgrund von Überlegungen bezüglich der sozialen Ordnung für gerechtfertigt hält. Im umgekehrten Fall behält die Administration eine vollständige Entscheidungsfreiheit, wenn der Conseil zu einer positiven wirtschaftlichen Bilanz

---

2o4 Lamy com., Concentration, Distribution, Consomation, 1987, no 1569,
Novella-Ferrier, aaO. no 149 ,S. 1o1

kommt. Im Gegensatz dazu war nach dem abgeänderten Art. 4 Abs. 4 des Gesetzes von 1977 das Vorhandensein einer Kompensation zu der Beeinträchtigung des Wettbewerbs kein Hindernis für "administrative" Maßnahmen der Kontrolle, zumindest nach der Meinung unseres Gewährsmannes.[2o5]

Nach dem alten Recht (Art. 8 Abs. 1 des Gesetzes von 1977) mußte die Entscheidung der pouvoirs publics mit dem Gutachten des Conseil übereinstimmen oder den betroffenen Unternehmen günstiger sein. Heute muß diese Entscheidung nicht mehr "in den Grenzen des Gutachtens des Conseil de la concurrence" liegen.[2o6]

Folglich ist das Gutachten des Conseil de la concurrence -wir wiederholen- nur beratend (consultatif), die Entscheidungsmacht der Administration unterliegt keiner Begrenzung. Trotzdem wird beobachtet, daß der Zwang zur Veröffentlichung des Gutachtens und der Entscheidung des Wirtschaftsministers letzteren in der Mehrzahl der Fälle dazu bringt, der Stellungnahme des Conseil zu folgen.[2o7]

Inzwischen liegt der alljährlich zu erstellende Bericht des Conseil de la concurrence für 1987 vor. Die Association Francaise d'Etude de la Concurrence hat eine Arbeitstagung am 31. Januar 1989 veranstaltet,die unter dem Thema stand: Bilanz von zwei Jahren praktischer Anwendung des Wettbewerbsrechts unter der Geltung der Verordnung vom 01. Dezember 1986. Schließlich wurden als "Supplément des cinq dernières minutes" Auszüge aus dem Tätigkeitsbericht des Conseil für das Jahr 1988 getrennt publiziert.[2o8]

2o5 Novella-Ferrier, aaO. S. 1o2

2o6 Lamy com., aaO. no 1582

2o7 Novella-Ferrier, aaO. S. 1o1, no 149

2o8 AFEC-ICC, Liberté des prix et concurrence, Connaissance du Commerce et de la Consommation, Paris, Juni 1989

Genügt diese neue Information, die von uns vorstehend festgestellte Ungewißheit einer extensiven oder einengenden Interpretation der Reform-Verordnung, die in Frankreich auch "Ordonnance Balladur" genannt wird, zu beheben?

Die Publikation ist unter das Kennwort "Pour un nouvel ordre économique dans une société marchande" gestellt worden. Einer der Beiträge kommentiert insbesondere die einschlägige Judikatur und ist besonders durch Urteile des Cour d'Appel de Paris darin bestärkt, im Vergleich zu der älteren Rechtsprechung davon zu sprechen, das Feld der Anwendung des Wettbewerbsrechts sei ausgeweitet worden.

Überraschend hat die Bestimmung des Art. 53 -Anwendung auf private und öffentliche Unternehmen-, die in das Schlußkapitel "Verschiedene Regelungen, Übergangsbestimmungen und Abstimmung der Gesetzestexte aufeinander (Harmonisation)" aufgenommen worden ist, eine besonders umfangreiche und teilweise sich widersprechende Auslegung erfahren. Aufrecht erhalten wurden z.B. die Unterwerfung des Rechts an dem gewerblichen Eigentum unter das Wettbewerbsrecht und auch des Sektors der Banken. Ein Gesetz vom 17. Januar 1989 enthält eine Bestimmung, durch die der Sektor der Medien (communication) dem Wettbewerbsrecht unterworfen wurde.[2o9]

Aber Verhaltensweisen, die bisher als außerhalb des Anwendungsbereichs des Wettbewerbsrechts gelegen angesehen wurden oder ihm jedenfalls entgangen waren, werden nunmehr dem staatlichen Eingriff (emprise) des Wettbewerbsrechts ausgesetzt.

2o9 Idot, Laurence, Professeur à l'Université de Paris V, Boutard-Labarde, Marie-Chantal, Professeur à l'Université de Paris X, Bilan de deux ans d'application du nouveau Droit de la concurrence, aaO. S. 39, 4o

Als Beispiele führen wir zwei viel besprochene Entscheidungen des Cour d'Appel de Paris an:
Das Gericht hat die Bedingungen kontrolliert, unter die der Pachtvertrag bezüglich einer öffentlichen Dienstleistung zu stellen ist. Eine Stadtverwaltung hat durch Pacht- und Konzessionsvertrag die öffentliche Versorgung mit Trinkwasser an einen privaten Unternehmer vergeben. Der Conseil de la concurrence hat entschieden, daß dieser Vertrag nicht den Charakter " eines Aktes der Produktion, Verteilung oder Dienstleistung" im Sinne des Art. 53 hat und deshalb nicht als ein Verhalten zu beurteilen ist, das in den Anwendungsbereich der Verordnung gehört. Das Gericht hat diese Entscheidung aufgehoben mit der Begründung, die Stadt habe zwar die freie Wahl gehabt, die Trinkwasserversorgung selbst sicherzustellen oder zu vergeben. Wenn sie sich aber für den zweiten Weg entschieden habe, übe sie damit einen Einfluß auf den Markt aus (une action sur le marché) und müsse die Regeln des öffentlichen Wirtschaftsrechts respektieren, nach denen das freie Spiel des Wettbewerbs zwischen den betroffenen Parteien sich entfalten müsse.[21o]

Das Gericht hat also den Art. 53 weiter auslegend diesen im zu beurteilenden Fall auf die Stadt angewandt, während der Conseil das Recht enger verstehend die Anwendung ausgeschlossen hatte.

In einer berühmten "affaire des cuves" genannten Fall haben der Conseil und der Cour de Paris nicht gezögert festzustellen, daß eine Verpflichtung zur Rückgabe in Natur gegen Art. 7 der Ordonnance verstößt, obwohl diese Vertragsbestand-

---

21o Cour Paris, 3o juin 1988, BOCCRF 9 juillet 1988; Kommentar von V. Selinsky, les petites affiches 2o juillet 1988 no 87, p. 25 und viele andere Besprechungen des Urteils, das die affaire "Commune de Pamiers" genannt wird; aaO. S. 39

teil des vorliegenden Darlehns- oder Mietvertrags war. Das Gericht hat ausgesprochen, daß "selbst dann, wenn der Entleiher oder Mieter einer Sache diese an ihren Eigentümer zurückzugeben hat, kann die Anwendung dieser Verpflichtung, welche sich aus der besonderen vertraglichen Bedingung ergibt, keine wettbewerbswidrigen Praktiken rechtfertigen, die, soweit sie sich auf einen Markt auswirken, verboten sind ..."

Der berichtende Hochschullehrer bedauert, daß das Gericht nicht unmittelbar die Anwendung des Leih- oder Mietvertrages abgelehnt hat anstatt zuzulassen, eine ständige Rechtsprechung zu zerstückeln. Es handelt sich um den Streit um die Rückgabe von Tanks einer Tankstelle, die nach der Bestimmung des Art. 7 beurteilt wurde; dieser Artikel enthält vier Gruppen von Verboten, die wettbewerbswidrige Praktiken von Kartellen oder bei Machtmißbrauch betreffen. In Unkenntnis des Sachverhalts im einzelnen, - der in Frankreich allgemein bekannt ist-, läßt sich der rechtliche Gehalt dieses Urteils nicht beurteilen; Gericht und Kommentator stimmen im Ergebnis darin überein, daß ein wettbewerbswidriges Verhalten zu untersagen war; sie sind verschiedener Meinung bezüglich der besseren rechtlichen Begründung der Entscheidung.[211]

In den beiden berichteten Fällen wurde demnach das Reformrecht so angewandt, daß es zur Untersagung wettbewerbswidrigen Verhaltens führte, also extensiv. Das angezogene französische Schrifttum bezeichnet diese Tendenz zur extensiven Anwendung des neuen Rechts als die herrschende, die die Judikatur

211 Cour Paris, 5 mai 1988, BOCCRF du 11 mai 1988: "Si l'emprunteur ou le locataire d'une chose est tenu du de rendre celle-ci même à son propriétaire, l'application de cette règle découlant de stipulations contractuelles particulières, ne saurait justifier des pratiques anti-concurrentielles qui, lorsq'elle s'exercent sur un marché, sont prohibées ..."
Diese "exercise d'une action sur le marché" ist das lange vom Gericht erwartete Kriterium, die Definition, die für die Einzelfall-Entscheidung maßgeblich ist.

insgesamt erkennen läßt.

Diese Tendenz entspricht nur einer der zwei Bedingungen, von denen die Wirksamkeit des Prinzips des freien Wettbewerbs abhängt, nämlich der Abgrenzung des Feldes der Anwendung. Die zweite Bedingung ist die Definition der Verstöße (atteintes), der wettbewerbswidrigen Verhaltensweisen (pratiques anticoncurrentielles). Was diese Definition angeht, haben die neuerdings Zuständigen die Grundsätze und Erfahrungen der Institutionen übernommen, die sie abgelöst haben.

Wir finden also eine unterschiedliche Entwicklungstendenz bezüglich des Anwendungsgebietes und der Abgrenzung der Wettbewerbsverstöße.[212] Das hat den Vorteil einer Kontinuität, die besonders dem Kartellrecht zugutekommt.

Bezüglich des oben bereits behandelten Verlustverkaufs (revente à perte) ist in der Streitsache Jacobs Suchard France gegen Euromarché das Urteil des Tribunal de Commerce de Paris du 6 septembre 1988 verkündet worden. Der Leitsatz lautet: "Die beklagten Gesellschaften haben den Beweis für einen effektiven Kaufpreis zu führen, der von dem auf den eingereichten, dem Gericht vorliegenden Rechnungen abweicht unter Berücksichtigung der verschiedenen Rückerstattungen und der geschäftlichen Hilfeleistung, die ihnen gewährt wird".[213] Diese Auslegung stimmt mit dem Begriff der Beweisvermutung überein und widerspricht dem Ziel, das die Väter der

---

212 aaO. S. 38

213 aaO., "Il incombe aux sociétés défenderesses de rapporter la preuve d'un prix d'achat effectif différent de celui qui apparait sur les factures versées au débat compte tenu des ristournes différées et des conditions de coopération commerciale dont elles peuvent bénéficier" (S. 74).

Reform-Verordnung mit dem Verbot des Verlustverkaufs verfolgt haben. Der Kommentator wünscht, daß gelegentlich der Novellierungen (retouches de l'ordonnance), die vielleicht im Frühjahr 199o im Parlament diskutiert werden, "man durch eine vertiefte Reflexion zu einer klareren Bestimmung über den Verlustverkauf kommt".[214]

Wir sehen, daß die Gesetzgebung über das neue Wettbewerbsrecht noch nicht abgeschlossen ist, sondern weitere Novellen erwartet werden.

Den Auszügen aus dem Tätigkeitsbericht des Conseil de la concurrence entnehmen wir die Mitteilung, daß der Conseil bilaterale Beziehungen zu den wettbewerbsrechtlichen Instanzen vieler Länder, auch der Bundesrepublik, unterhält. Er ist in den französischen Delegationen vertreten, die z.B. zu dem Komitee der O.C.D.E. entsandt worden sind, das sich mit vergleichenden Studien auf dem Gebiet der Wettbewerbspolitik und des Wettbewerbsrechts befaßt; ebenso ist eine Delegation zu der Expertengruppe der EG entsandt worden, die Vorentwürfe für Entscheidungen erarbeiten soll, die die Art. 85 und 86 des Vertrages von Rom betreffen.

Im übrigen befaßt sich der Tätigkeitsbericht besonders mit rechtswidrigen und verbotenen Kartellen (ententes illicites et prohibées) und behandelt keine Fragen des Lauterkeitsrechts.[215]

Die Bilanz der zwei Jahre der Anwendung des Reformrechts bestätigt unsere Meinung, daß ein stark wirtschaftspolitisch beeinflußter Prozeß hin zu einem freieren Wettbewerb sich noch

---

214 aaO. S. 75

215 aaO. Anlage von Juni 1989, S. 4, 5

fortsetzt, der aber noch keine Konsolidierung erreicht hat.[216]

Wie müssen wir das Gesamtbild des Reformrechts bewerten?

Mehr Freiheit und weniger Staat bezüglich der kardinalen Frage der Preisfestsetzung; mehr Staat in dem zuletzt berichteten Problem der Kontrolle der Konzentrationen. Die Reform sucht den goldenen Mittelweg, die Synthese, den Kompromiß. Bildlich gesprochen, sie meidet Schwarz und Weiß, sie setzt einen Prozeß in Gang, dessen Tempo sie vielen Faktoren anheimstellt.

Aus diesen Überlegungen heraus schlagen wir vor, als den Gesetzeszweck des neuen französischen Droit de la concurrence die Libéralisation du marché zu bezeichnen; erst nach Beobachtung der Entwicklung in den nächsten Jahren wird auszumachen sein, ob die Eierschalen der planifacation noch mehr abgestreift werden, und die "Liberté du marché" erreicht wird.

216 Unsere Untersuchung schließt ab:
bezüglich des französischen Rechts und Judikatur:
Juni 1989
bezüglich des deutschen Rechts und Judikatur:
Juni 1989

8. Kapitel

Ergeben sich Vorschläge für eine gegenseitige Rechtsangleichung ?

A. Ergebnisse des Vergleichs

I. nach altem französischen Recht

Die jüngste umfassende vergleichende Darstellung des Wettbewerbsrechts der Mitgliedstaaten der EWG hat Eugen Ulmer 1965 erarbeitet und mit Vorschlägen der Rechtsangleichung ergänzt.[217]

Wir folgen in der Auswertung für Frankreich und Deutschland seiner Reihenfolge und ziehen nur zwei methodische, mir wesentlich erscheinende Bemerkungen an den Anfang:
"Für eine rechtsvergleichende Untersuchung ist nicht die dogmatische Deutung wesentlich, sondern die Frage nach Inhalt und Umfang des Schutzes.[218]

Im Bereich der Rechtsangleichung besteht ein enger Zusammenhang zwischen Ziel, Mittel und Formen.[219]

Nach Ulmer stehen im französischen Schrifttum sich zwei Theorien gegenüber, die der Rechtsverletzung einerseits und des Rechtsmißbrauchs (Josserand) oder des übermässigen Gebrauchs der Handels- und Gewerbefreiheit (Roubier) andererseits. In Übereinstimmung mit unserer Darstellung faßt Ulmer zusammen:

---

217 Ulmer, Eugen, Recht des unlauteren Wettbewerbs in den Mitgliedstaaten der EWG, Bd. I, Vergleichende Darstellung mit Vorschlägen der Rechtsangleichung, 1965, Köln

218 Ulmer, aaO. S. 56 (Nr. 78) und S. 245

219 Zweigert, Grundsatzfragen der europäischen Rechtsangleichung in Festschrift für Dölle, Bd. II, 1963, S. 412 ff.

"Nur der mißbräuchliche oder der übermässige Gebrauch des Freiheitsrechts und die dadurch bedingte Schädigung von Mitbewerbern ist durch "fehlerhaftes Verhalten" -("faute" = Verschulden, Vertretenmüssen, faute intentionelle (Vorsatz) und négligence, imprudence (Fahrlässigkeit)- verursachte Schadenszufügung im Sinne der Art. 1382, 1383 Code civil".[22o]

Die deliktische Beurteilung des Wettbewerbverstosses ist also in jener Zeit dem französischen und deutschen Recht gemeinsam. Unsere Meinung von der Notwendigkeit einer Mehrheit von Schutzzwecken und der Zusammenfassung von UWG- und GWB-Recht hat schon Ulmer verfochten. Er hält diese Frage nach den geschützten Interessen für deckungsgleich mit der älteren nach dem geschützten Rechtsgut; als solches Schutzobjekt nennt er "die gewerbliche Betätigung des Mitbewerbers". Auf die Wiederholung unserer Ergebnisse bezüglich des Gesetzeszweckes können wir verzichten, da diese sich im ganzen mit Ulmers Thesen decken; besser ausgedrückt, Ulmer ist ein weiterer Gewährsmann für unser Resultat. Er vertritt auch den Schutz der Interessen der Allgemeinheit und das soziale Element des Wettbewerbsrechts.[221]

Die schon berichtete Besonderheit, die auf der französischen Rechtsentwicklung beruht, stellt Ulmer heraus:

- Der Schutz der appellations d'origine (Ursprungsbezeichnung) steht allen ortsansässigen Produzenten gemeinsam als Recht zu und ist stärker geschützt als die
- indications de provenance (Herkunftsangaben), die nur unter dem Gesichtspunkt der Irreführung der Abnehmer geschützt werden.[222]

22o Ulmer, aaO. Nr. 77 (S. 54)
221 Ulmer, aaO. Nr. 79 (S. 56)
222 Ulmer, aaO. Nr. 78 (S. 56)

In Deutschland wird dagegen der Schutz der geographischen Herkunfsangaben einheitlich unter dem Gesichtspunkt gewährt, daß die Verwendung einer falschen Angabe ein Fall der täuschenden Werbung ist.

Bezüglich des französischen Verbots eines Verkaufs unter dem Selbstkostenpreis legt Ulmer Wert auf seine Meinung, diese Regelung gehöre systematisch gesehen nicht in den Bereich des Wettbewerbsrechts, sondern in den des Wirtschaftsverwaltungsrechts. Er begründet doppelt: Die strafrechtliche Verfolgung steht im Ermessen der Behörde der Wirtschaftsverwaltung, und die geschädigten Mitbewerber haben nicht das Recht, das Verfahren in Gang zu bringen. Sicherlich schwerwiegende Gründe, nur hat es der französische Gesetzgeber anders gesehen.[223]

Zu dem Reichsgerichturteil vom 18.12.1931 (Benrather Tankstellenfall) bemerkt Ulmer, daß solche Preiskämpfe auch einer kartellrechtlichen Beurteilung unter dem Gesichtspunkt des Mißbrauchs wirtschaftlicher Machtstellung unterliegen: Nach französischem Recht hätten die Straftatbestände des Code pénal angewandt werden können, die die Herbeiführung künstlicher Preissenkungen durch mißbräuchliche Marktbeeinflussung -neben anderen Sachverhalten- betreffen.[224]

Den Ausführungen zu dem französischen, schon in dem Loi de finances vom 02.07.1963 enthaltenen Verbot der Weiterveräußerung von Waren zu einem Preis unter dem effektiven Einkaufspreis entnehmen wir, daß er darin nach deutschem Recht in Übereinstimmung mit der herrschenden Meinung keinen Wettbewerbsverstoß sieht. Er gibt zwar zu, daß im Schrifttum wiederholt die Annahme eines Verstosses befürwortet worden ist, schließt sich selbst aber offenbar der Rechtssprechung

---

223 Ulmer, aaO. Nr. 85 (S. 65)

224 Ulmer, aaO. Nr. 85 (S. 64)

an, die im allgemeinen, soweit nicht besondere Gründe vorliegen, in dem Verkauf unter Selbstkosten keine Handlung unlauteren Wettbewerbs sieht.

Es wäre töricht, für eine Übernahme des Verbots in das deutsche Recht einzutreten. Ein gesetzliches Verbot würde zwar -zumindest in seiner psychologischen Wirkung auf die Anbieter- zum Vorteil der kleinen und mittleren Unternehmungen und zum Nachteil der kapitalstarken Unternehmungen mit breitem Warensortiment den Markt und die Preisbildung beeinflussen. Das halten wir sogar gesellschafts- und wirtschaftspolitisch für eine wünschenswerte, heilsame Maßnahme. Der mittelständische Betrieb, z.B. das Lebensmittel-Fachgeschäft, erhielte einen neuen Schutz gegen die übermächtigen Großanbieter wie Handelsketten, Warenhäuser und Versandgeschäfte. So sehr wir diesen gesellschaftspolitischen Effekt gegen Machtkonzentration und zugunsten einer möglichst großen Zahl von Mitbewerbern uns wünschen, müssen wir zwei Gegengründe erkennen:
Man könnte zurecht dem Gesetzgeber vorwerfen, er bremse Möglichkeiten des technischen Fortschritts, der Produktion und der Verbilligung von Waren zum Nachteil der Verbraucher, da diese mehr von großen als von mittelständischen Unternehmen zu erhoffen sind.

Weiterhin widerspräche ein solches Verbot -dem französischen Vorbild nachgebildet- dem System des UWG, in das es aufgenommen werden müßte. Die deutschen Gerichte kamen mit den vorhandenen Vorschriften des UWG aus, um Fälle des Verkaufs unter dem Selbstkostenpreis angemessen zu lösen. Der Politik einer Regierung stehen primär andere Wege offen, bevor sie den Gesetzgeber des Wettbewerbsrechts zu Hilfe rufen sollte. Schließlich würde sie gegen das Leistungsprinzip verstoßen, das wir zwar als Rechtsnorm, nicht aber als Leitlinie einer gesunden Wirtschaftspolitik verworfen haben.

Unserer Untersuchung müßte sogar aus dem letztgenannten Grunde der Vorwurf einer gewissen Widersprüchlichkeit gemacht werden. Wir sind uns durchaus bewußt, daß wir von einem Einzelbeispiel der Unterschiedlichkeit der französischen und deutschen Gesetzeslage zu einer grundsätzlichen Stellungnahme zu der Frage der Harmonisierung der beiden Wettbewerbsrechte vorgestoßen sind, auf die wir abschließend noch einmal zurückkommen.

Wir erläutern einem Ausländer zunächst schwer verständliche französische Urteile, durch die der Mitbewerber zur Unterlassung, zur Einstellung (cessation) seines unlauteren Verhaltens und zur Zahlung eines symbolischen Schadensersatzes von einem Franken verurteilt wird; derartige Urteile sind zahlreich. Der Begriff des Schadens, soweit dieser eine Voraussetzung der Klage wegen unlauteren Wettbewerbs ist, wird in weitem Sinne ausgelegt. Wenn der Kläger im Zeitpunkt der Entscheidung noch keinen in Geld ausdrückbaren Schaden erlitten hat, steht das der Verurteilung des Beklagten nicht entgegen. Da es dem Kläger im Wesentlichen um die Verurteilung zur Unterlassung geht, beschränkt er unter Umständen seinen Antrag bezüglich des Schadensersatzes von sich aus auf einen Franken, den symbolischen Schadensersatz. Da das Urteil auch die Veröffentlichung des Urteils anordnen kann, ist der Kläger vor künftig entstehendem Schaden bewahrt.

Nach Art. 2 des Finanzgesetzes kann auch die vorläufige Einstellung der dem Beklagten vorgeworfenen Handlungen angeordnet werden, wenn zugleich die Klage auf "Wiedergutmachung des vom Kläger infolge unlauterer oder unerlaubter Wettbewerbshandlungen erlittenen Schadens" eingereicht wird. Wenn diese Praxis uns auch etwas absonderlich erscheint, hat sie den Vorteil, daß der Gewerbetreibende nicht abwarten muß, bis ihm der Schaden tatsächlich zugefügt worden ist, sondern schon den drohenden Schaden abwenden kann. In manchen Entscheidungen wurden dem Beklagten anstelle einer Entschädigung lediglich die Kosten des Verfahrens auferlegt. In Urteilen dieser Art wird demnach die Unterlassung rechtswidrigen Verhaltens in der Hauptsache mit einer symbolischen Schadensersatzzahlung und -formal getrennt- nach Art der deutschen einstweiligen Verfügung eine schnelle Abhilfe im Interesse des benachteiligten Mitbewerbers ausgesprochen.[225]

Diese Besonderheit der französischen Judikatur deutet auf eine pragmatische, anpassungsfähige und schnelle Bekämpfung unlauteren Verhaltens hin. Sie mußte entwickelt werden, weil auf Art. 1382 Code civil zwar sowohl die Schadensersatzklage wie auch die Unterlassungsklage gestützt werden kann, die französische Rechtsprechung aber auch für die Unterlassungsklage verlangt, daß dem gesetzlichen Merkmal der Schadenszufügung genügt ist.[226]

Schon Paul Roubier hat in seinem Werk[227] darauf hingewiesen, daß "es in der Logik der Entwicklung liegt", die Unterlassungsklage nicht von einer Schadenszufügung, -wie es auch dem deutschen Recht entspricht-, sondern nur von der Verletzung eines berechtigten Interesses (intérêt né et actuel) abhängig zu machen. Da die französische Rechtsprechung den Schadensbegriff ausweitet, kommt sie der Forderung Roubiers und der deutschen Rechtsprechung im Ergebnis sehr nahe.[228]

---

225 Krasser, Frankreich, aaO. Nr. 14o, 141, 143 (S. 1o8-11o) und die dort angezogenen, zahlreichen Entscheidungen vieler Gerichte

226 Ulmer, aaO. Nr. 398 (S. 24o)

227 Roubier, Paul, aaO. Bd. I,no 111

228 Ulmer, aaO. Nr. 398 formuliert, daß die französische Rechtssprechung "die Zufügung eines immateriellen Schadens oder eines nur geringfügigen Vermögensschadens genügen läßt."
Krasser, Bd. IV, Frankreich, Nr. 1o4 (S. 81): Eine Verurteilung zum Schadensersatz kann grundsätzlich nur hinsichtlich desjenigen Schadens ausgesprochen werden, der im Zeitpunkt des Urteils bereits entstanden ist (préjudice actuel). Wegen eines Schadens, der erst künftig unter bestimmten Voraussetzungen entstehen würde (préjudice éventuel) kann die Schadensersatzklage nicht erhoben werden.

Da Ulmer bei seinen Vorschlägen zur Rechtsangleichung alle Mitgliedstaaten der EWG -zu seiner Zeit waren es sechs- im Auge hat, faßt er sein Ergebnis in diesem Punkt folgendermaßen zusammen: "Wir schlagen daher eine Regelung der Unterlassungsklage vor, bei der klargestellt wird, daß sie von den Mitbewerbern erhoben werden kann, die durch die unlautere Wettbewerbshandlung in ihren Interessen berührt werden".[229] Für die Unterlassungsklage müßte demnach die Voraussetzung der Schadenszufügung entfallen.

Ob diese Wende der französischen Rechtsprechung auf der Grundlage des Art. 1382 Code civil zweckmäßig und anzustreben ist, muß ausschließlich der französischen Beurteilung überlassen bleiben; keinesfalls ist sie im Interesse des Binnenmarktes notwendig.

Interessant ist mir die Feststellung, daß der allgemein als pragmatisch angesprochene französische Richter in diesem Fall aus rein dogmatischen Gründen nur diesen Ausweg der Leistung einer symbolischen Summe finden konnte, um die für die Praxis wichtige Verurteilung zur Unterlassung möglich zu machen. Auf internationalem Felde kann man beobachten, daß die anfänglich für die zivilrechtliche Bekämpfung des unlauteren Wettbewerbs im Vordergrund stehende Schadensersatzklage immer mehr hinter der Unterlassungsklage zurücktritt.

Ulmer berichtet schon 1965, daß in Deutschland erwogen werde, bei irreführender Werbung die Legitimation zur Erhebung der Unterlassungsklage auch auf die Verbraucherverbände auszudehnen. "Eine solche Regelung würde aber, wie wir glauben, in anderen Ländern des gemeinsamen Marktes als eine zu starke Abweichung von der Tradition der Wettbewerbsklage empfunden

---

229 Ulmer, aaO. Nr. 398 (S. 241)

werden. Für die Angleichung des Wettbewerbsrechts erscheint es als ausreichend, dem Gedanken, daß das Wettbewerbsrecht auch dem Schutz der Gesamtheit der Mitbewerber dient, allgemeine Anerkennung zu verschaffen. Für die Durchsetzung diesen Gedankens hat sich in der Rechtsentwicklung als wichtiger Faktor die Verbandsklage erwiesen. Wir schlagen daher vor, neben der Legitimation der Mitbewerber in geeigneter Weise auch diejenige der Verbände zur Erhebung der Unterlassungsklage einheitlich zu regeln". Die vorstehend erwähnten Bedenken stellt Ulmer aber ausdrücklich zurück, wenn in Deutschland die Legitimation zur Klageerhebung auch den Verbraucherverbänden eingeräumt würde.[23o]

Dieser Anregung entspricht die Regelung des Unterlassungsanspruches durch § 13 UWG in seiner geltenden Fassung: Gem. Abs. 2 des § 13 kann in den Fällen der §§ 1, 3, 4, 6 bis 6e, 7 und 8 der Anspruch auf Unterlassung geltend gemacht werden -neben den rechtsfähigen Verbänden zur Förderung gewerblicher Interessen (Abs. 2 Ziff. 2)-

" 3.
von rechtsfähigen Verbänden, zu deren satzungsgemäßen Aufgaben es gehört, die Interessen der Verbraucher durch Aufklärung und Beratung wahrzunehmen. Im Falle des § 1 können diese Verbände diesen Anspruch auf Unterlassung nur geltend machen, soweit der Anspruch eine Handlung betrifft, durch die wesentlichen Belange der Verbraucher berührt werden."

Eine solche eindeutige Bestimmung fehlt in Frankreich; nur die Forderung wurde gelegentlich erhoben, die Befugnis zur Klage

---

23o Ulmer, aaO. Nr. 399 (S. 241) und Nr. 4o4 (S. 246)

wegen unlauteren Wettbewerbs auf Verbraucher auszudehnen.[231]

Ergebnisse des Vergleichs
II.nach dem "nouveau Droit de la concurrence"

Wir stellen zunächst die grundsätzliche Frage, ob überhaupt bei national gewachsenen Unterschieden in der wettbewerbsrechtlichen Rechtslage unter dem Gesichtspunkt des herankommenden gemeinsamen Binnenmarktes die Notwendigkeit oder nur Zweckmäßigkeit der Rechtsangleichung, der Harmonisierung besteht. Wenn wir in der musikalischen Bildsprache des letztgenannten, allgemein akzeptierten Begriffs bleiben: "Kakophonien", die dem Ohr wehtun, die unbedingt beseitigt werden müssen, um zu einer Harmonie für die Zukunft zu finden, bestehen keine zwischen dem französischen und deutschen Recht. Damit zeichnet sich eine Antwort auf das Zusatzthema nach den Anforderungen des gemeinsamen Binnenmarktes auf dem Gebiet des Wettbewerbsrechts am Horizont ab.

In unserer sachlichen Sprache möchten wir eine Maxime, die ihre Berechtigung auf vielen verschiedenen Fachgebieten bewiesen hat -deduktiv vorgehend- voranstellen:

- Deutsch-französische Vereinheitlichung im Wettbewerbsrecht so wenig wie möglich, nur im Notwendigen;

---

231 Giverdon, Revue Trimestrielle de Droit Commerciale (RTDC) 1953, S. 863 Nr. 25 und S. 865 Nr. 29; diese Forderung hat sich offensichtlich nicht durchgesetzt; jedenfalls behandelt Krasser noch 1967 das Problem der Verbraucher-Verbandsklage als strittig, da das durch die Verbandsklage wahrgenommene Kollektivinteresse, das Interesse der Gesamtheit der Mitglieder, nicht mit dem Allgemeininteresse und dem Verbraucherinteresse gleichgesetzt wird; so wohl mit der überwiegenden Meinung:
Cuche-Vincent, Précis de procédure civile, 13. Aufl., Paris 1963;
Krasser, Frankreich, aaO. Nr. 122 (S. 94)

-nationale Unterschiedlichkeit im Rahmen des europäischen Rechts erhalten, soweit wie möglich.

Politisch gewendet geben wir damit dem von Charles de Gaulle vorgegebenen Leitbild von dem "Europa der Vaterländer", der förderalistischen Struktur Europas den Vorzug vor allen denkbaren unitaristischen Formen, Staatenbund oder Bundesstaat genannt. Auch für das von uns behandelte Spezialgebiet wie für die politische Perspektive sollte man sich auf eine überschaubare Zeit beschränken, da danach ohnehin heute noch unbekannte Faktoren das Bild grundlegend verändern können.[232]

Wir meinen, daß die innere Logik einer freiheitlichen Wettbewerbswirtschaft uns zu dieser Maxime führen muß, und ein zu früh gesetztes "Halt" zugunsten der Vereinheitlichung dem Wesen einer solchen Wirtschaftsordnung zuwiderliefe. Die

---

232 Unsere Maxime entfaltet den in dem Latein der studentischen Korporation häufig zitierten Satz:
Unitas in necessariis, Libertas in ceteris.

Ein überzeugter Vertreter der Planwirtschaft handelt diesem Satz zuwider, indem er zugunsten des Staates und seiner eigenen Ideologie möglichst viele Fragen gesetzlich regeln will. Wir meinen, daß die "Richtigkeit" eines solchen Satzes nicht wissenschaftlich-rationell begründet oder verworfen werden kann. Vielmehr führen die historischen Erfahrungen mit beiden Systemen, also empirische Größen zu der einen oder der anderen Grundhaltung. Eine juristische Untersuchung verläßt damit -erkenntniskritisch betrachtet- den Boden der philosophisch definierten "Objektivität" und stellt sich auf den Boden einer bestimmten "Maxime", letztlich einer vorgegebenen Überzeugung; daraus folgt, daß bei Ablehnung dieser Maxime alle Schlußfolgerungen auch wissenschaftlich "in der Luft hängen". Diese einfache Erkenntnis ist m.E's nicht allen Auroten des Wettbewerbsrechts bewußt, die zum Teil in der "Richtung" von mehr Liberalismus und weniger Kartell-Abreden und zum Teil entgegengesetzt argumentieren, ohne daß die zwingende wissenschaftliche Begründung erkennbar wird; dadurch zeichnet sich eine "Lagerbildung" auf diesem Spezialgebiet des Wettbewerbsrechts ab, die vielleicht unvermeidbar ist, die man aber als solche erkennen sollte; sie hängt mit der wirtschaftspolitischen Komponente des Wettbewerbsrechts zusammen.

EG-Instanzen in Brüssel, Straßburg und Luxemburg wären schlecht beraten, wenn sie die Tendenz verfolgten, diese Grenze zugunsten des zu harmonisierenden Rechts vorzuschieben und das Tempo dieses Entwicklungsprozesses zu beschleunigen. Derartige Anpassungsentwicklungen sollten mehr durch die Erfahrungen der beteiligten Unternehmer, Händler und insbesondere der Richter, als durch die Zielvorgaben der Theoretiker beeinflußt werden; ohne Eingriffe des Gesetzgebers sollte eine solche Entwicklung sich selbst und der "normativen Kraft des Faktischen" überlassen bleiben.

Wir vergleichen unsere Maxime mit der Antwort, die Eugen Ulmer schon 1965 auf die Frage nach "Methode und Grenzen der Rechtsangleichung" in seinem Werk gegeben hat; er stellt drei Grundsätze auf:

- Das ordnungsgemäße Funktionieren des gemeinsamen Marktes kann durch eine Angleichung der Regeln nur verbessert werden; die Angleichung ist deshalb erwünscht.
- Er plädiert andererseits für genügend Spielraum der nationalen Rechtsprechungen.
- Für die wegen der vielfältigen Erscheinungsformen des unlauteren Wettbewerbs unentbehrliche Generalklausel schlägt er als Schlüsselbegriff die "usages honnêtes" gem. Art. 1o bis Abs. 2 PVÜ vor.

Der erste Grundsatz spricht m.E's eine Selbstverständlichkeit aus; wir müssen in unserer Fragestellung nicht nach dem Erwünschten, sondern nach dem Notwendigen der Angleichung fragen. Da Ulmer alle Mitgliedstaaten der EWG im Auge hatte, konnte er offenbar die wesentlichen, notwendig anzugleichenden Unterschiede in einer Zusammenfassung nicht von den anderen trennen.

Der zweite Grundsatz -genügend nationaler Spielraum- läuft notwendigerweise "tendenziell", wie die moderne Jurisprudenz gerne sich ausdrückt, dem ersten entgegen; über den Grenzverlauf zwischen beiden kann nichts Grundsätzliches ausgesagt werden.

Dem dritten Vorschlag schließe ich mich an, aber seine eventuelle Verwirklichung durch die Gesetzgeber rückt in eine solche zeitliche Ferne, daß er mir ein rein wissenschaftliches, kein wettbewerbsrechtliches Interesse, zu verdienen scheint.

Da alle EWG-Staaten auch Mitgliedstaaten der PVÜ sind, wie wir oben schon erwähnten, haben sie bereits den Begriff der "anständigen Gepflogenheiten" angenommen. Der Schlüsselbegriff der "guten Sitten" in § 1 UWG hat den noch schwelenden Meinungsstreit entstehen lassen, ob der Richter " von den in der Praxis herrschenden Gepflogenheiten oder ob er von rechtsethischen Maßstäben auszugehen hat." Durch die Einführung des Begriffs der "usages honnêtes" wird eine einseitige Festlegung vermieden, und eine Linie der Beurteilung gesichert, die mit der in den Ländern des gemeinsamen Marktes vorherrschenden Auffassung übereinstimmt.[233]

Das mag im Ganzen zutreffen, nicht aber in der für das richterliche Urteil maßgeblichen Auslegungsfrage im einzelnen; darin gehen auch die französische und deutsche Lehre auseinander. Ulmer selbst ist mein Gewährsmann: "Wenn auch eine weitgehende Übereinstimmung in dem Empfinden für Anstand und gute Sitte besteht, gibt es doch Verschiedenheiten, die ihren Grund in bestimmten Konzeptionen haben, von denen die Rechtsprechung sich leiten läßt."[234]

Schließlich geht Ulmer nicht auf den anderen Rechtsbegriff der

---

233 Ulmer, aaO. Nr. 396 (S. 239)

234 Ulmer, aaO. Nr. 397 (S. 239)

"faute" ein, den die Generalklausel des Code civil enthält, auf dem deshalb die französische Rechtsprechung auch beruht. Die deutsche und die französische Dogmatik des Vorsatzes und der Fahrlässigkeit und die entsprechende Rechtsprechung gehen in Feinheiten auseinander; eine Behauptung, die m.E's keines Nachweises einem Juristen gegenüber bedarf. Wir vermeiden also mögliche Mißverständnisse der "guten Sitten", ohne mit Sicherheit sagen zu können, ob die "usages honnêtes" -wie Ulmer meint- nicht auch zu nationalen Unterschieden in der Interpretation führen werden. Dieses Problem kann aber auf sich beruhen.

Wir fragen lediglich: Sind voraussichtlich in einer absehbaren Zeit die beiden Gesetzgeber einer wünschenswerten, aber nicht notwendigen Angleichung wegen, der deutsche den § 1 UWG und der französische den Art. 1382 Code civil, durch Einführung des neuen Begriffs abzuändern bereit ? Die Frage stellen, heißt sie verneinen. Im Sinne unserer Maxime wäre die Änderung sogar verfehlt, da die Unterschiedlichkeit das Funktionieren des gemeinsamen Binnenmarktes nicht beeinträchtigt, und es außer Diskussion sein dürfte, die Stetigkeit einer organisch lange gewachsenen nationalen Rechtsprechung einem solchen Eingriff des Gesetzgebers mit zudem noch zweifelhaftem Erfolg zu opfern. Dieses Beispiel zeigt, wie weit sich der Theoretiker, der offenbar in Generationen denkt und die Gesetze aller europäischen Staaten vor sich sieht, sich von der praktischen Arbeit eines Justizministeriums als nationalem Gesetzgeber entfernt. Da Ulmer den Zeitfaktor nicht anspricht, und die nationalen Unterschiede der Rechtsprechungen ihm besser als uns bekannt sind, kann vernünftigerweise sein Vorschlag nur als ein rein theoretischer gemeint sein. Damit rückt er aber in eine nicht mehr heute interessierende Ferne.

Andererseits haben die Justizministerien so viele Vorbereitungsarbeiten unter Zeitdruck für bis Januar 1993 -als Datum der Verabschiedung- zu leistende Angleichungen abzuschließen, daß Zweifel an der Einhaltung dieses Termins bereits geäußert werden. Solche unentbehrlichen Harmonisierungen liegen z.B. auf den Gebieten des Steuerrechts, des Sozialrechts, des Lebensmittelrechts usw. Es ist eine gigantische Aufgabe, sachlich die entsprechenden Kompromisse politisch durchzusetzen und diese unter Beteiligung aller formal beteiligten Stellen noch rechtzeitig unter Dach und Fach zu bringen. Der Wettbewerbsrechtler kann nur darüber glücklich sein, daß weder auf dem UWG- noch auf dem GWB-Gebiet zeitgebundene Gesetzgebungsmaßnahmen erforderlich sind, um einen europäischen Markt des Wettbewerbs über die nationalen Grenzen hinweg zu eröffnen und auch funktionieren zu lassen.

Wir möchten auf eine praktische Maßnahme, die Veröffentlichung der Entscheidungen des Conseil de la concurrence gem. Art. 13 Abs. 4 der Reform-Verordnung, hinweisen; mir ist keine vergleichbare Regelung nach deutschem Recht bekannt.

In dem Abschnitt der Ordonnance, die die Kartelle und den Machtmißbrauch betrifft, wird in Abs. 1 des Art. 13 bestimmt, daß der Conseil dem Betroffenen gegenüber anordnen kann, die "pratiques anticoncurrentielles", das wettbewerbswidrige Verhalten, in einer in der Entscheidung bestimmten Frist aufzugeben, oder daß er den Betroffenen (aux intéressés) besondere Bedingungen (conditions particulières) auferlegen kann. Die Abs. 2 und 3 regeln die Geldstrafen (sanction pécuniaire) und deren Höhe; der angezogene Abs. 4 lautet:
"Der Conseil de la concurrence kann die Veröffentlichung in den Zeitungen oder Publikationen, die er bezeichnet, das Anschlagen in den bezeichneten Räumen und die Aufnahme seiner Entscheidung in den Bericht, der durch die Geschäftsführer, den Verwaltungsrat oder das Direktorium der Unternehmung aufgestellt wird, anordnen. Die Kosten sind von der betrof-

fenen Person zu tragen.[235]

Wenn die in den Art. 12 (mesures conservatoires) und 13 vorgesehenen Maßnahmen und Anordnungen nicht respektiert werden, kann der Conseil gem. Art. 14 die Geldstrafe in den in Art. 13 bestimmten Grenzen aussprechen; also nicht nur ein Zwangsgeld oder eine Beugestrafe (astreinte) verhängen.

Die Veröffentlichung des Urteils, durch das der Beklagte wegen unlauteren Wettbewerbs verurteilt wird, kann z.B. den guten geschäftlichen Ruf des Klägers wiederherstellen und damit schon entstandene Nachteile ausgleichen; insoweit ist sie eine besonders wirksame Form der Wiedergutmachung. Sie kann aber auch zukünftig zu befürchtende schädliche Folgen eines unlauteren Verhaltens verhindern.

Die Veröffentlichung ist keine Besonderheit des Wettbewerbsrechts, sondern die Gerichte sind allgemein gem. Art. 1o36 Code de procédure civile befugt, die Veröffentlichung ihrer Entscheidungen anzuordnen. Diese Befugnis wurde schon durch Art. 2, letzter Absatz des Finanzgesetzes vom 02. Juli 1963 ausdrücklich für die Entscheidungen in Wettbewerbsprozessen übernommen; danach ging sie in das Gesetz vom 19. Juli 1977 über, das die Kartelle und den Machtmißbrauch betraf;

---

235 Art. 13 Abs. 4: "Le Conseil de la concurrence peut ordonner la publication de sa décision dans les journaux ou publications qu'il désigne, l'affichage dans les lieux qu'il indique et l'insertion de sa décision dans le rapport établi sur les opérations de l'exercise par les gérants, le conseil d'administration ou le directoire de l'entreprise. Les frais sont supportés par la personne interessée".
In Abs. 3 ist der Höchstbetrag der Geldstrafe auf 5% der chiffre d'affaires festgelegt, wenn der Zuwiderhandelnde eine Unternehmung ist; anderenfalls höchstens 1o Millionen F.

schließlich wurde sie in einer mehr gestrafften Form in die Reform-Verordnung eingefügt. Es handelt sich also um keine Neuerung.

Da eine Wiedergutmachung keinen Strafcharakter haben darf, wird die Urteilsveröffentlichung nur angeordnet, wenn sie zur Beseitigung schon eingetretener oder zur Verhinderung unmittelbar drohender Nachteile erforderlich ist. Sie wird versagt, wenn der Schaden geringfügig ist, und eine unlautere Werbung nur wenig verbreitet worden ist; dabei wird die Gefahr eines unverhältnismäßig großen Schadens berücksichtigt, den die Veröffentlichung dem Verurteilten zufügen kann.[236]

Krasser hat die vorstehend wiedergegebenen Schlußfolgerungen aus zahlreichen, einzeln benannten Urteilen gewonnen; abschließend faßt er zusammen, daß die Urteilsveröffentlichung vor allen in Fällen der Anschwärzung, des Kennzeichenmißbrauchs und des Hervorrufens von Verwechslungsgefahr sowie der täuschenden Werbung angeordnet wird.[237]

Bei der Veröffentlichung der Entscheidungen der Gerichte und des Conseil handelt es sich um eine besonders scharfe und für

---

236 Krasser, aaO. Rdnr 151, S. 116, 117; die Cour de Lyon versagte in ihrem Urteil vom 12. Januar 1959 (Annales de la propriété industrielle, artistique et litteraire (Ann. 1961, 43) die Veröffentlichung mit der Begründung, die Beklagten hätten zwar die vom Kläger hergestellten Schals sklavisch nachgeahmt, aber sie hätten keinerlei Werbung zur Herbeiführung der von ihnen durch die Nachahmung verursachten Verwechslungsgefahr betrieben; daher liege ein Schaden, welcher die Urteilsveröffentlichung neben der Zahlung rechtfertigen könnte, nicht vor. Roubier und Chavanne (RTDC 1961, 8o Nr. 12) haben das Urteil als Rückfall in die Auffassung der älteren Rechtsprechung kritisiert: Als Rechtfertigung der Urteilsveröffentlichung genüge der Zweck, das Publikum vor Verwechslungen zu bewahren.

237 Krasser, aaO. Rdnr 151, S. 117

den betroffenen Unternehmer besonders gefährliche Waffe; damit hängt es wohl zusammen, daß wir einerseits Stimmen für eine ausweitende Anwendung dieser sicherlich sehr gefürchteten und damit wirksamen Waffe gegen unlauteres Verhalten in Frankreich finden, und andererseits eine einengende, seltene Benutzung dieser Waffe befürwortet wird. Eine Übernahme ähnlicher Maßnahmen in die deutsche Praxis der Bekämpfung unlauteren Wettbewerbs oder unzulässiger Kartellabreden sollte sehr kritisch und zurückhaltend betrachtet werden. Allenfalls könnte eine Veröffentlichung m.E's als letzte Möglichkeit bei solchem wettbewerbswidrigen Verhalten schlimmster Art, das etwa den Bestand des Wettbewerbs auf einem bestimmten Markt überhaupt infrage stellt, unter entsprechenden eng gefaßten Bedingungen in Betracht gezogen werden. Man sollte in solchen Fragen die Stellungnahme der Praktiker und ihrer Verbände entscheidend sein lassen.

Da keine Gründe der gegenseitigen Anpassung für solche Gewaltakte des deutschen Gesetzgebers sprechen, stehen wir solchen Eingriffen ablehnend gegenüber; eine Beunruhigung der Marktbeteiligten und der Allgemeinheit wäre die Folge. Alles spricht dafür, nur solche, durch die letzten Novellen zum UWG und GWB bereits eingeleitete gesetzgeberischen Tendenzen der jeweiligen deutschen und französischen Entwicklung weiterzuführen und Seiten-Einflüsse abzuweisen.

Rechtsvergleichend wollen wir noch auf die Sanktionen gegen wettbewerbswidriges Verhalten eingehen. Grundsätzlich stehen nach deutschem und französischen Recht zivilrechtliche, strafrechtliche und verwaltungsrechtliche Sanktionen nebeneinander. Die Gewichtsverteilung zwischen diesen verschiedenen Sanktionen ist aber sehr unterschiedlich. Insbesondere das Fehlen eines Conseil de la concurrence, eines Wettbewerbsrates, in der Bundesrepublik Deutschland mit weitgehenden Befugnissen, hat bedeutende Unterschiede zur Folge:

Nur vereinfachend und unter Verzicht auf Einzelheiten können wir, an unsere Darstellung der französischen Rechtslage anknüpfend, zusammenfassen:

- Die strafrechtlichen Sanktionen stehen nach französischem Recht weit stärker als nach deutschem Recht im Vordergrund; nach deutschem Recht werden die zivilrechtlichen Sanktionen zur Bekämpfung von Wettbewerbsverstößen -auch auf dem Gebiet des Kartellrechts- mehr eingesetzt als in Frankreich.
- Das französische Recht schaltet Verwaltungsbehörden auf dem Gebiet des Lauterkeitsrechts wie des Kartellrechts mehr ein, als das nach deutschem Recht der Fall ist.
- Nach deutschem Recht stehen in Streitsachen die Entscheidungen der Gerichte eindeutig im Vordergrund; darin besteht ein wesentlicher Unterschied zu der französischen Rechtslage.

Das von uns behandelte sog. Reformrecht ist inzwischen durch ein Gesetz Nr. 87-499 vom 06. Juli 1987 novelliert worden: Die Art. 12 und 15 der Reform-Verordnung (Nr. 86-1243) sind dahingehend geändert worden, daß die Verwaltungsgerichtsbarkeit für Entscheidungen des Conseil de la concurrence an die ordentliche Zivil- und Strafgerichtsbarkeit, also das Berufungsgericht Paris, übertragen wird. Bisher konnte gegen Entscheidungen des Conseil de la concurrence Verwaltungsklage vor dem Conseil d'Etat, dem Staatsrat, erhoben werden.[238]

Die Novellierung nimmt demnach der Verwaltungsgerichtsbarkeit eine Zuständigkeit und gibt diese an die ordentliche Gerichtsbarkeit. Diese Änderung schafft eine stärkere Übereinstimmung

---

238 17. o.a. Bericht über die Wettbewerbspolitik der Kommission der Europäischen Gemeinschaften, 1988, Nr. 138, S. 122

mit der deutschen Gesetzeslage. Wir wollen daraus keine grundsätzlichen Folgerungen für den hier behandelten Vergleich herleiten, da wir die Gründe für diese Änderung im einzelnen nicht beurteilen können.

Im allgemeinen dürfen wir anmerken, daß eine weitere Annäherung des französischen und deutschen Wettbewerbsrechts zukünftig ausschließlich über das sog. EG-Gemeinschaftsrecht erfolgen sollte. Der andere Weg über bilaterale Abkommen zwischen den beiden Staaten wäre weit umständlicher, zeitraubender und entbehrte vor allem des Vorteils, daß auf demselben Wege die Annäherung an das Recht der anderen EG-Staaten einfacher weitergeführt werden kann.

In diesem Zusammenhang ist eine Feststellung des siebzehnten Berichts über die Wettbewerbspolitik der Kommission der EG von 1988 interessant: Der Bericht zählt nicht weniger als fünf Punkte auf, in denen sich das französische Recht dem Gemeinschaftsrecht angenähert hat: Dies gilt insbesondere:

- "für die Definition des Kartells und der marktbeherrschenden Stellung;
- die Freistellungsbedingungen für Kartelle .....;
- die Interventionsbefugnis der Untersuchungsbeamten und
- den Schutz der Verteidigungsrechte".[239]

Was die Wirksamkeit der Tätigkeit des Conseil auf dem Gebiet der wettbewerbswidrigen Praktiken seit seiner Einsetzung bis Ende November 1987 angeht, sind nicht weniger als 63 Entscheidungen erlassen worden, davon 15 Entscheidungen über Anträge auf einstweilige Anordnung, 13 Sachentscheidungen und 34 Entscheidungen über Klageunzulässigkeit oder Verfahrenseinstellung.

---

239 Bericht, aaO. Nr. 138

Einen Einblick in die Fortschritte der Preisfreiheit und der Liberalisierung in der französischen Wirtschaft gem. Art. 1 der Reform-Verordnung gibt die Mitteilung des Berichts, daß die Regierung von ihrer Befugnis, Preise festzusetzen oder zu überwachen, durch Dekret im Staatsrat nach Stellungnahme des Conseil gem. Art. 1 Abs. 2 der Reform-Verordnung, -über die wir berichtet haben-, auf folgenden wichtigen Bereichen der Wirtschaft Gebrauch gemacht hat: Taxis, öffentlicher städtischer Personenverkehr, Mautgebühren, Umschlag in Seehäfen, Schulkantinen, Elektrizität und Gas (d.h. die für jeden Bürger wichtigen Preise der EDF und GDF)...; in allen Fällen wurden "die Anwendungsvoraussetzungen des Art. 1 Abs. 2 der Verordnung für erfüllt erklärt". Wenn wir das allgemeinverständlich übersetzen, heißt das, die Voraussetzungen für Ausnahmen von dem Grundsatz der Freiheit der Preisfestsetzung wurden bejaht. Unsere Meinung, daß es noch ein weiter Weg zu mehr Marktfreiheit -aus der alten "planification" heraus- ist, wird durch die Tatsachen bestätigt. Andererseits wird jeder einsehen, daß es ein gewagter Schritt ist, z.B. Elektrizitäts- und Gaspreise mit ihrer sozialen Bedeutung für jedermann nach langer Zeit der behördlichen Festsetzung dem sog. "Spiel der Kräfte des Marktes" zu überlassen. Der Weg zu mehr Freiheit des Marktes und weniger Reglementierungen durch den Staat ist also noch weit, aber die Richtung ist durch Gesetz eingeschlagen worden.[24o]

Die deutsche Entwicklung auf dem Gebiet der Sanktionen könnte in Bewegung kommen. Bisher wird die Lauterkeit des Wettbewerbs im wesentlichen durch die Zivilgerichtsbarkeit gewährleistet: Klagen gem. §§ 13 und 1 UWG.

Das geltende Kartellrecht beruht auf einem System der Verwaltungskontrolle des Wettbewerbs: Insbesondere ist im

---

24o Bericht, aaO. Nr. 143, S. 125

Jahre 1973 ein sog. "objektives Untersagungsverfahren" (§ 37a GWB) eingeführt worden. Die Kartellbehörden können ein Verhalten untersagen, das gegen das GWB verstößt; ein Verschulden muß nicht nachgewiesen werden, eine Klärung in einem Bußgeldverfahren ist nicht erforderlich.

Da zunehmend als gemeinsamer Zweck des UWG und des GWB der Schutz der Wettbewerber, der Allgemeinheit und der Verbraucher angesehen wird, -und das halten wir für zutreffend-, wird heute im Schrifttum die Frage erörtert, ob nicht alle kartellrechtlichen Instrumentarien, die den Verbraucherschutz fördern könnten, auch im UWG-Recht eingesetzt werden sollten. Das bedeutete eine Lauterkeitskontrolle des Wettbewerbs durch die Verwaltung. Das bedeutete eine Annäherung der deutschen an die französische Praxis und ein Weggehen von der vorherrschenden Richter-Kontrolle in Deutschland.

Gegen diese Verwaltungskontrolle nimmt eine "Tendenzschrift"[241] Stellung, auf die wir nur deshalb hier eingehen, weil sie mit wissenschaftlichen Methoden ernstzunehmende Thesen aufstellt, und eine im Sinne unserer geltenden Wirtschaftsordnung vernünftige Richtung einschlägt, die wir unterstützen. Richtigerweise wird die im Schrifttum mehrfach erwähnte Tatsache betont, daß das UWG vorhandenen Wettbewerb voraussetzt, den es "lauter" halten will, den es regeln will,

---

241 Institut für angewandtes Wirtschaftsrecht e.V. (IaW), München, Verwalteter Wettbewerb, Verwaltungskontrolle gegen unlauteren Wettbewerb, 1978, S. 9 bis 12 und die dort zitierte Literatur. Auf meine Frage an das IaW nach dem Verfasser dieser ernst zu nehmenden Arbeit mit gutem kritischem Apparat in den Fußnoten, erhielt ich die Antwort, es solle davon abgesehen werden, den Autor zu nennen. Die Antwort war auf einem Bogen der IHK für München und Oberbayern geschrieben. Ob das etwas mit der in einer FN angesprochenen "Lagerbildung" im Wettbewerbsrecht zu tun hat?

während das Kartellrecht wahren Wettbewerb erst schaffen bzw. erhalten soll. Wir sind für eine engere Verzahnung von Kartell- und UWG-Recht eingetreten, da letztlich beide Gesetze einen Freiheitsschutz des Wettbewerbs gewährleisten sollen. Mit dem Verfasser der angezogenen Schrift sind wir aber der Meinung, daß diese Gemeinsamkeit nicht ausreicht, die Einführung einer Verwaltungskontrolle nach kartellrechtlichem Vorbild zu fordern. Wir würden die verwaltungsrechtliche Komponente im Lauterkeitsrecht verstärken, die der französische Gesetzgeber dabei ist, zurückzudrängen.

Die in der zitierten Schrift gegen eine Verwaltungskontrolle angeführten Gründe sind richtig dargestellt: "Ein kostspieliges System von zweifelhafter Effizienz". Aus guten Gründen wird vor der Entstehung einer großen Wettbewerbsbürokratie gewarnt, die aufgebaut werden müßte, da auch wir den Behörden der allgemeinen inneren Verwaltung die Eignung für solche neuen Aufgaben absprechen. Man sollte in der Tat der "Selbstreinigung" der gewerblichen Wirtschaft -auch durch ihre Verbände- und durch gerichtlichen Rechtsschutz mehr vertrauen als einer schwerfälligen Verwaltungskontrolle; genügend erfahrene, den Markt und die Branchen kennende "Wettbewerbsbeamte" wird es kaum geben; diesbezügliche französische Erfahrungen können wir nicht ermitteln; dort sind Beamte der Präfekturen draußen im Land und in der Zentrale des Wirtschaftsministeriums immerhin eher sachkundig, da sie mit Wirtschaftsfragen laufend befaßt sind. Der Richter im Prozeß wird durch den Sachvortrag der streitenden Parteien kundig gemacht.[242]

Zur Rechts-Harmonisierung innerhalb der EWG auf dem Gebiet des Wettbewerbsrechts hat die EG-Kommission einen Vorentwurf einer

242 IaW, aaO. S. 38, 39

Richtlinie zur Angleichung des Rechts der Mitgliedstaaten erarbeitet; wir konnten nicht ermitteln, ob diese inzwischen vorliegt und Frankreichs und Deutschlands Regelungen betreffende Bemerkungen enthält.[243]

Wir sind der Auffassung, daß der Begriff "leistungsgerechter Wettbewerb" wie "Leistungswettbewerb" vieldeutig sind; wenn die Verwaltungskontrolle die Wettbewerbsfreiheit in diesem Sinne fördern will, will sie Wettbewerbsgleichheit, -d.h. schwächere Mitbewerber gegen stärkere schützen-, nicht Wettbewerbsfreiheit herbeiführen. Einen derartigen Schwächerenschutz oder wirtschaftspolitischen Mittelstandsschutz haben wir oben bereits als prüfenswert bezeichnet, dann aber verworfen. Wir wollen dem Markt die Auswahl und Auslese der leistungsfähigsten Unternehmen überlassen, weil sonst die Funktion des Wettbewerbs in der Wirtschaftsordnung verfälscht würde. Schließlich spricht der gute Grundsatz der Subssidiarität gegen eine Verwaltungskontrolle, da die Wirtschaft im Wege der Selbstkontrolle so viel wie möglich selbst leisten soll, bevor der Staat tätig wird.[244]

Wir wollen abschließend zu diesem Problem anmerken, daß man zwischen "selbstverwaltetem" und "fremdverwaltetem" Wettbewerb unterscheiden könnte; ein durch den Titel von Mestmäckers Werk, "Der verwaltete Wettbewerb", 1984, bekannt gewordener Titel, der auch zu einem Schlagwort zu verkommen droht. Ohne hier die Frage vertiefen zu können, erscheint mir jede Art von Selbstverwaltung für den Wettbewerb weniger abträglich als Staatseingriffe oder andere nicht "wirtschaftsadäquate" Maßnahmen.

---

243 IaW, aaO. S. 41

244 IaW, aaO. S. 47
Gelegentlich einer Arbeitssitzung hat Eugen Ulmer darauf hingewiesen, daß der "Werberat der deutschen Wirtschaft" in der NS-Zeit oft zu anderen Beurteilungen von Sachverhalten kam wie die Zivilgerichte (FN 15o, JaW, S. 4o).

Wir wiederholen nunmehr abschließend die schon begründend vorbereitete Antwort: Der Binnenmarkt verlangt weder von dem deutschen noch dem französischen Gesetzgeber irgendwelche Novellierungen, um das Funktionieren des Binnenmarktes zu sichern.

Nur zur Information fügen wir bezüglich der EG-Regionalbeihilfen noch an, daß der Bundesrepublik Deutschland im Rahmen der Gemeinschaftsaufgabe "Verbesserung der regionalen Wirtschaftsstruktur" Beihilfen für die Jahre 1987 bis 1989 bewilligt worden sind, um in den Schiffbauregionen z.B. neue Arbeitsplätze zu schaffen.[245]

Für Frankreich hat die Kommission "Beihilfen für Industriegebiete mit rückläufiger Entwicklung" -teilweise wegen ähnlicher Schwierigkeiten der Schiffbauindustrie wie in Deutschland- Beihilfen und eine Raumordnungsprämie unter bestimmten Bedingungen vorgesehen (Prime à l'Aménagement du Territoire, PAT). Wir führen dieses Beispiel wegen der auffallenden Parallelität der EG-Maßnahmen an.[246]

Obwohl unsere Untersuchung bezüglich des "Leistungswettbewerbs" rechtstheoretischen Charakter hat, betrifft sie durch das Zusatzthema, den Binnenmarkt, auch das "Substrat" des Wettbewerbsrechts, die beiden Volkswirtschaften. Wenn wir auch das heikle Thema eines Vergleichs bisher ausgespart haben, geben wir wenige, diesbezügliche, eine Prognose unterbauende Zahlen:

Wenn man auch für die französische Wirtschaft im Jahre 1989 zunächst eine rezessive Entwicklung befürchtete, zeigen die neuesten Untersuchungen "eine stabile, wenn auch verlangsamte Aufwärtsbewegung" ... "Die Erträge der Unternehmen werden

---

245 17. o.a. Bericht, Nr. 243, S. 182

246 17. o.a. Bericht Nr. 245-247, S. 183, 184

durch einen substantiellen Anstieg der Produktivität auf der einen Seite und eine zurückhaltende Lohnpolitik auf der anderen Seite gefördert"... "Die OECD, die im Juni 1988 für Frankreich 1989 noch einen Anstieg des Bruttoinlandsproduktes (BIP) um 1,75% prognostizierte, rechnet nach letzten vorliegenden Informationen nun mit einer Wachstumsrate von 2,75%. Demgegenüber wird für die Bundesrepublik Deutschland nur ein BIP-Zuwachs von 2,25% angenommen. Die französische Regierung selbst -unter Premierminister Rocard- ging bei der Vorlage ihres Budgets im September 1988 von einer Wachstumsrate des BIP von 2.6% aus; dabei wurde ein mäßiger Preisanstieg von 2,4% zugrundegelegt".[247]

Wenn uns auch in wirtschaftswissenschaftlicher Hinsicht die Grundlage für eine kritische, wertende Beurteilung fehlt, halten wir im Unterschied zu manchen Äußerungen in den Tageszeitungen eine optimistische Prognose für die französische Wirtschaft für begründet, sodaß diese wegen der durch den Binnenmarkt verstärkten Konkurrenzsituation mit den deutschen Unternehmen keine Befürchtungen haben muß.

B Die zunehmende Verstärkung des Verbraucherschutzes in beiden Staaten

I Der Verbraucherschutz in Deutschland

Der früher vernachlässigte Verbraucherschutz wird in voller

---

247 Bundesstelle für Außenhandelsinformationen (bfai), Dezember 1988, Frankreich am Jahreswechsel 1988/89 von Rainer Henseleit, S. 1: Bevölkerung: 55,85 Mio Einwohner, Bevölkerungsdichte: 1o1,2 Einw/qkm; Gesamtimport (01.01. bis 30.08.88): 656,67 Mrd. F, davon aus der Bundesrepublik: 135,42 Mrd.F; Gesamtexport in derselben Zeit: 636,15 Mrd. F, davon in die Bundesrepublik Deutschland: 1o1,61 Mrd. F

Übereinstimmung vom Staat und durch private Initiativen gefördert. Schon seit 195o berät ein Verbraucherausschuß das Bundesministerium für Ernährung, Landwirtschaft und Forsten. Der Verbraucherbeirat bei dem Bundesminister für Wirtschaft soll nicht nur die Auffassung der Verbraucher darlegen, sondern auch von sich aus Anregungen an die Bundesregierung herantragen.

Im Jahre 1964 errichtete die Bundesregierung die Stiftung Warentest, die als unabhängige und objektive Institution ihre Zeitschrift "test" herausgibt. In der Rechtsform eines eingetragenen Vereins hat sich die Arbeitsgemeinschaft der Verbraucherverbände (AgV) als Dachverband gebildet. Von besonderer Aktualität ist das vor wenigen Jahren eingeführte Umweltzeichen, der sog. blaue Engel für Produkte, die im Vergleich zu Konkurrenz-Produkten weniger umweltbelastend sind.

Der interministerielle Ausschuß für Verbraucherfragen unter dem Vorsitz des Bundeswirtschaftsministers koordiniert die Arbeit aller, auch der zahlreichen ungenannten Einrichtungen. In den 11 Bundesländern bestehen Verbraucherzentralen. Im Jahre 1986 haben der Bund und die Länder fast 66 Millionen DM für diese sozial orientierte Arbeit bereitgestellt.[248]

Eine Konzentration der sich zur Zeit noch vermehrenden Institutionen könnte der Wirksamkeit der Verbraucherpolitik nur nützen. Gelegentlich wird übersehen, daß die Bekämpfung der unlauteren Verhaltensweisen von Wettbewerbern mittelbar den Konsumenten zugute kommt.

Stillschweigend zieht der Verbraucherschutz die zum "Gebrauch" und nicht zum "Verbrauch" bestimmten Waren in seine Bestre-

---

248 Presse- und Informationsamt der Bundesregierung, Wegweiser für Verbraucher, 4. Aufl. Juli 1988, S. 14-17, 39, 181, 185

bungen ein; ebenso sind Dienstleistungen eingeschlossen. Der Wortsinn des Begriffs "Verbrauch" ist inzwischen ausgeweitet worden.

Schwarze Schafe hat die Konjunktur der Verbraucher-Vereine wieder aussondern müssen: Wenn Verwandte, Verschwägerte und Mitarbeiter eines Rechtsanwalts, -7 Personen genügen-, einen solchen e.V. bilden, der diesem Anwalt Mandate erteilt, ist das ein Mißbrauch, weil das Hauptziel dieses Vereins nicht die Wahrnehmung der "Interessen der Verbraucher durch Aufklärung und Beratung" gem. § 13 Abs. 2 Ziff. 3 UWG ist. Dagegen ist die ständige Zusammenarbeit eines Verbrauchervereins mit einem oder mehreren Anwälten unbedenklich.249

Der Gesetzgeber hat Sondertatbestände zum Schutz des Verbrauchers bereits geregelt:

- § 6a UWG gibt einen Unterlassungsanspruch, wenn der Verkäufer auf seine Eigenschaft als Hersteller oder Großhändler hinweist, ohne daß die Bedingungen des § 6a Abs. 1 Ziff. 1-3 erfüllt sind.
- § 6e UWG bekämpft bestimmte Formen der Preisgegenüberstellungen in öffentlichen Bekanntmachungen oder Mitteilungen, die für einen größeren Kreis von Personen bestimmt sind.

Das BGH-Urteil vom 26. Januar 1989 hat bereits geklärt, daß der Begriff der Preisauszeichnung in § 6e Abs. 2 Nr. 1 UWG nicht die Bekanntgabe der von dem Unternehmer geforderten Preise für seine Angebote in Zeitungsanzeigen umfaßt.

---

249 Schricker, Gerhard, Unlauterer Wettbewerb und Verbraucherschutz (Ein Vortrag vom 09.01.197o) in GRUR Int. 197o, S. 32 ff, hier S. 43

Weiterhin hat dieses Urteil Bedenken gegen die Verfassungsmäßigkeit des Verbots des Eigenpreisvergleichs in § 6e Abs. 1 UWG verworfen.[25o]

Zwei schon ältere BGH-Urteile, vor allem die "Schilderwald"-Entscheidung vom 07. Juli 1988, haben in der sog. Fachöffentlichkeit und bei den betroffenen Wirtschaftskreisen ein beachtliches Echo ausgelöst; voreilig wurde bereits von einem Scheitern der praktischen Durchsetzung einiger Bestimmungen des § 6e UWG geschrieben.

Dem "Schilderwald"-Urteil liegt folgender Tatbestand zugrunde: Im Warenhaus gab es über 12oo Preisschilder; nur auf einigen waren zwei Preise angegeben, von denen jeweils der höhere durchgestrichen war. Ein Verband im Sinne von § 13 Abs. 2 Nr. 2 UWG hatte auf Unterlassung geklagt. Das Gericht hat zugunsten des Beklagten angenommen, daß in dem Schilderwald die angegriffenen Schilder nicht besonders auffallen, nicht "blickfangmässig" herausgestellt sind und deshalb keine besondere Anlockwirkung haben.

Die für die Praxis der Werbung und die künftige Rechtsprechung bedeutsamen Leitsätze des o.a. Urteils lauten:

" 1. Eine Preisgegenüberstellung für einzelne aus dem gesamten Angebot hervorgehobene Waren i.S. von § 6e Abs. 1 UWG liegt nur dann vor, wenn bestimmte einzelne Waren im Vergleich zu der Präsentation des allgemeinen Angebots werbemässig besonders herausgestellt sind.
2. Auch die Ankündigung einer Preissenkung um einen bestimmten Vomhundertsatz muß sich, um dem Verbot des § 6e Abs. 1 UWG zu unterliegen, auf einzelne aus dem gesamten Angebot hervorgehobene Waren beziehen.

25o BGH, Urteil vom 26.01.1989 "Preisauszeichnung"; ob bereits veröffentlicht, ist unbekannt.

3. Die Werbeangabe "Bis zu ...% reduziert", stellt nicht die Ankündigung einer Preissenkung um einen bestimmten Vomhundertsatz i.S. von § 6e Abs. 1 UWG dar.[251]

In einem Bericht der Bundesregierung vom 13.03.1989 über die praktischen Erfahrungen mit den durch das Gesetz zur Änderung wirtschafts-, verbraucher-, arbeits- und sozialrechtlicher Vorschriften vom 25. Juli 1986 novellierten Vorschriften finden sich folgende Aussagen:[252]
Die Erfahrungen konnten erst seit dem 01. Januar 1987, dem Datum des Inkrafttretens der Änderungen gesammelt werden, so daß nur eine geringe Zahl rechtskräftiger Entscheidungen vorliegt.
Der Bundesjustizminister als Verfasser dieses Berichtes konnte in Übereinstimmung mit einer Reihe der beteiligten Verbände, -insgesamt sind 18 Adressaten befragt worden-, feststellen, daß die durch die UWG-Novelle neu in das Gesetz eingefügten Vorschriften sich insgesamt bewährt haben. Die neuen Verbotstatbestände haben sich wirksam durchsetzen lassen, ohne daß dabei in der Praxis eine übermässige Beschränkung der wettbewerblichen Handlungsfreiheit beklagt würde. Gewisse Einschränkungen müssen dann allerdings bezüglich der Vorschriften der §§ 6d und 6e UWG gemacht werden.

Seit dem Bekanntwerden zweier Urteile des BGH vom Juli 1988, die auf Grund einer vom BGH in einer Presseerklärung selbst so bezeichneten "einschränkenden Auslegung" der neuen gesetz-

---

251 "Schilderwald" und "Durchgestrichener Preis", Urteile in WRP 1988, S. 6o9 und 733 sowie in GRUR 1988, S. 834 und 836 veröffentlicht.

252 Bundesrat, Drucksache 15o/89; da es sich um eine parlamentarische Arbeitsunterlage, keine veröffentlichte Erklärung handelt, verzichte ich auf Seiten-Angaben.

lichen Vorschriften ergangen sind, sind in der Werbepraxis wieder gewisse Auflockerungstendenzen zu verzeichnen.

Dies gilt, abgesehen von der Werbung innerhalb von Geschäftsräumen, weniger für die Gegenüberstellung von konkreten Preisangaben ("früher ... jetzt ..."; durchgestrichene Preise) als vielmehr vor allem hinsichtlich der Werbung mit prozentualen Preisherabsetzungen.

In beiden Entscheidungen hat der BGH zur Auslegung des Tatbestandsmerkmals "einzelne aus dem gesamten Angebot hervorgehobene Waren oder gewerbliche Leistungen" Stellung genommen. Der BGH hat auch, wiederum im Wege einer "einschränkenden Auslegung" entschieden, daß auch die Ankündigung von Preissenkungen zulässig sei, -wie in Leitsätzen schon mitgeteilt-, "ausdrücklich entgegen einer vom Wortlaut der Vorschrift ausgehenden Auslegung". Ein Zitat ist notwendig: "Die Bundesregierung ist der Auffassung, daß diese Rechtsprechung mit den von dem Gesetzgeber verfolgten Zielen nur schwer in Einklang zu bringen ist, zumal der Bundesgerichtshof in der "Schilderwald"-Entscheidung selbst von der "besonderen Irreführungsgefahr" dieser Art der Werbung ausgeht".

Ein rein sachlicher Meinungsunterschied der gesetzgebenden und der rechtsprechenden "Gewalt" liegt vor; dabei ist die Tendenz des Gesetzgebers, -wir vergröbern bewußt-, mehr Verbot bezüglich der Werbung zur Vermeidung von Anlocken und Irreführen des Verbrauchers, die Tendenz des Richters mehr Freiheit der Werbung. Wir meinen, daß es sich in diesem Fall um keine unzulässige Urteilsschelte handelt. Wir finden einen Beweis mehr für unsere Behauptung des "Richterrechts" im

Wettbewerb, da der Richter und nicht der Gesetzgeber das letzte Wort hat.[253]

Die Rechtsprechung hat allgemein den Gedanken des Verbraucherschutzes aufgenommen, wie auch das Urteil des BGH zeigt, dem folgender Sachverhalt zugrundeliegt: Der Letztverbraucher kauft zwar nach dem Wortlaut des Kaufvertrages formal-rechtlich bei dem Einzelhändler, tatsächlich aber beim Hersteller, an den der Einzelhändler verwiesen hat und der das Verkaufsgespräch in seinem Lager führt; eine täuschende und Vorteile im Preis behauptete Praxis der Direktverkäufe, die gar nicht gegeben sind; solche unkorrekten Methoden sind in der Möbelbranche, bei Lederbekleidung und Teppichhandel verbreitet.[254]

Abschließend bemerken wir noch, daß weitere gesetzgeberische Maßnahmen zur Verbesserung des Verbraucherschutzes zur Zeit nicht erforderlich sind.

II Der Verbraucherschutz in Frankreich

Auf der Grundlage der schon angeführten Gesetze vom 10. Januar 1978 hat der Staat die "Commission de refonte du Droit de la consommation" bei dem Ministre de la consommation geschaffen. -Einen ähnlichen Minister oder Staatssekretär für Verbraucherschutz hat es in Deutschland nie gegeben-. Der französische Staat wollte in der "pouvoir consommateur" einen Verbündeten in seiner Politik zur Erhaltung oder Wiederherstellung

---

253 Wir beenden hier die Behandlung von nur zwei, für den Verbraucherschutz besonders wichtigen neuen Vorschriften; die übrigen Bestimmungen der Novelle sind hier nicht anzuführen; im übrigen würde der Zusammenhang unserer Darstellung zerrissen. Auf Einzelheiten muß hier verzichtet werden;
Baumbach-Hefermehl, aaO. § 6e UWG, Rdnr 2 (S. 1453) meint, die Problematik des § 6e liege darin, daß auch der wahre Preisvergleich verboten sei.

254 BGH GR 87, 367 (Einrichtungspaß)

des Wettbewerbs und in seinem Kampf gegen die Inflation finden.

Die 1912 geschaffene Fédération nationale des cooperatives de consommation (F.N.C.C.) hat die regionalen Genossenschaften als Mitglieder.[255]
Später wurde das Secrétariat d'Etat chargé de la consommation dem Ministre de l'Economie, des Finances et du Budget angegliedert. Der Conseil national de la consommation (C.N.C.), geschaffen durch das Décret no 83-642 du 12 juillet 1983, hat als paritätisch durch Unternehmer und Verbraucher besetztes Gremium beratend zu wirken und die Aufgabe, "die Gegenüberstellung und die Zusammenarbeit von Vertretern der Gemeinschaftsinteressen der Verbraucher und der Benutzer und der Vertreter der Gewerbetreibenden, der öffentlichen Einrichtungen und der staatlichen Behörden zu ermöglichen für alles, das eine Beziehung zu den Problemen des Verbrauchers hat".[256]

In direktem Wettbewerb zu der Publikation "Oue choisir?" der C.N.C. steht die Zeitschrift "5o millions de consommateurs" die das "Institut national de la consommation (I.N.C.)", ein Zentrum der Forschung, der Information und der Studien mit administrativem Charakter herausgibt.[257]
Wir beenden diese bei weitem nicht vollständige Aufzählung.
Die weitgehend parallele Entwicklung der öffentlichen und privaten Institutionen in Deutschland und Frankreich fällt auf

---

255 Lamy commercial, 1985, aaO. no 4oo1, 4oo4, (S. 1o79, 1o8o)

256 Lamy commercial, aaO. no 4o31, (S. 1o89): "permettre la confrontation et la concertation entre les représentants des intérêts collectifs des consommateurs et usagers et les représentants des professionels, des services publics et des pouvoirs publics, pour tout ce qui a trait aux problèmes de la consommation."

257 Lamy commercial, aaO. no 4o32, 4o33 (S. 1o89, 1o9o)

und charakterisiert den Verbraucherschutz als eine internationale Bewegung; sie stellt auf dem Gebiet des Wettbewerbs die neueste Errungenschaft einer von unten gewachsenen Interessenvertretung dar.

Calais-Auloy unterscheidet zwei entgegengesetzte Theorien über den Begriff des Verbrauchers:

- "Die ältere Sicht geht davon aus, daß der Verbraucher auch gebraucht, was er kauft, im Gegensatz zu dem, der zum Weiterverkauf erwirbt. Die Absicht, mit der er gebraucht, ist eine Art Gleichgültigkeit, so lange er gebraucht; der von speziellen Werkzeugen ist ebenso ein Verbraucher wie der, der ein Küchengerät erwirbt.
- Die neuere Sicht geht davon aus, daß der Verbraucher der ist, der darauf aus ist, seine eigenen Bedürfnisse oder die seiner Familie zu befriedigen, im Gegensatz zu dem, der ein Geschäft abzuschließen beabsichtigt in Ausübung seiner beruflichen Tätigkeit. Damit ist der Käufer eines Küchengerätes ein Verbraucher, während der Käufer spezieller Werkzeuge es nicht ist".[258]

Mit dem Autor ziehen wir die engere, jüngere Begriffsbestimmung vor, weil sie mehr mit der Bewegung harmoniert, der die Verbraucher-Gesetzgebung ihren Ursprung verdankt.

Unser Literaturverzeichnis zeigt, daß heute unter dem Stichwort des Droit de la consommation mehr Publikationen erschienen sind als zu dem älteren Droit de la concurrence; die letzteren -mehr an den Wissenschaftlicher gerichtet- waren im ganzen anspruchsvoller.

---

258 Calais-Aulois, Consumer Legislation in France, a Study prepared for the EG-Commission, New York, 1981; wir zitieren auszugsweise: "...The purpose for wich it is used is a matter of indifference, so long as there is use. ... the consumer is the man who sets out to fulfil his own requirements and those of his family as opposed to the man who entered into a bargain to fulfil professional requirement".

III EG-Verbraucherpolitik

Wie das GG keine Bundeskompetenz für das Verbraucherrecht kennt, hat Art. 3 EWGV ebenso keine EG-Zuständigkeit für den Verbraucherschutz geschaffen. Gleichwohl hat die Konferenz der Staats- und Regierungschefs in Paris im Jahre 1972 nicht nur den Schutz, sondern die Förderung (promotion) der Verbraucherpolitik in ihr Programm aufgenommen.[259]

Zu der EWG als Wirtschaftsgemeinschaft gehört der Verbraucher ebenso notwendig wie der Produzent. In Art. 39 EWGV wird der Verbraucher genannt; er erscheint aber auch in den Art. 85 und 86 als Schutzobjekt der Wettbewerbspolitik. Der Rat und die Kommission können im Rahmen von Art. 1oo EWGV verbraucherpolitischen Gesichtspunkten Rechnung tragen und im Rahmen der Rechtsangleichung aktive Verbraucherpolitik betreiben.[26o]

Art. 1oo EWGV ist sogar anwendbar, wenn überhaupt noch keine nationale Vorschrift besteht; dann wird die "Angleichung" zu einer vollständigen Neuschöpfung. Diese Generalklausel ist so weit gefaßt, um Grundlage für die Rechtssetzung der EG auf vielen Sachgebieten sein zu können; sie gibt auch eine Kompetenz zur Gestaltung von Politik, auch von Verbraucherpolitik.[261]

---

259 Kaiser, Joseph K., Grenzen der EG-Zuständigkeit in Europarecht, 15. Jahrg. 198o, Heft 2, S. 1o9 ff; auch der Gesundheitsschutz ist wie der Verbraucherschutz nicht unter den Zielen des Art. 3 EWGV genannt.

26o Rambow, Gerhard, Möglichkeiten und Grenzen der Verbraucherpolitik im gemeinsamen Markt in Europarecht, 16. Jahrg. 1981, S. 24o, 243

261 Rambow, aaO. S. 243, 248; die Initiative liegt bei der Kommission; die Meinung des Autors, die Verbraucherpolitik sei in der Gemeinschaft unterentwickelt geblieben, halte ich heute im Vergleich zu anderen Sachpolitiken nicht mehr für richtig.

Die schon älteren Richtlinien der EG über die Arzneimittel und die Lebensmittelkennzeichnung beweisen, daß auf diesen Gebieten das Niveau des Verbraucherschutzes in Deutschland durch die EG-Regelung verbessert worden ist.[262]

Das neue Beispiel für das Gegenteil, eine Verschlechterung des Umweltschutzes, liegt auf dem Sektor des Kraftfahrzeug-Kathalysators. Die kontroverse Erörterung in allen Medien kann an der Notwendigkeit des Kompromisses bei 12 verschiedenen nationalen Interessenlagen nichts ändern.

Insgesamt können wir trotz aller Verschiedenheiten unsere Auffassung aufrecht erhalten, daß das Wirtschaftssystem aller EG-Mitgliedstaaten in seinen Grundzügen gleich ist.[263]

---

262 Rambow, aaO. S. 251

263 Behrens, Peter und Korb-Schikaneder, Europäisches Wettbewerbsrecht vor französischen Gerichten, in Rabels Zeitschrift, aaO. 48. Jahrg. 1984, S. 463, 464 stellen zwar fest, daß manche französischen Wettbewerbsvorschriften sich "bewußt eng an die gemeinschaftsrechtlichen Bestimmungen anlehnen" bezüglich der Verbots- wie der Rechtfertigungsgründe, sich aber unter einem Gesichtspunkt doch als recht unterschiedlich erweisen; dieser Gesichtspunkt ist der, daß der "vom wirtschaftsverfassungsrechtlichen Gesamtzusammenhang abhängige konkrete Vollzug" allein für die Bedeutung wirtschaftsrechtlicher Normen entscheidet. Das mag auf sich beruhen.

9. Nachwort

Auf dem Weg über den Binnenmarkt zu einem politisch geeinten Europa

Die dritten Direktwahlen zum Europäischen Parlament haben am 18. Juni 1989 stattgefunden und das sonst schwache Interesse der deutschen Öffentlichkeit für die Ereignisse in Straßburg, Luxemburg und Brüssel ansteigen lassen. In die Legistaturperiode des neuen Parlaments bis 1994 fallen die schwierigen Debatten über die Verwirklichung des Binnenmarktes und ab 1993 werden die vermutlich noch heftigeren Kämpfe um eine politische Union Europas, dessen Struktur und demokratische Verfassung beginnen. Deutschland und Frankreich stellen erfreulicherweise die gleiche Zahl von je 81 der 518 Mitglieder des Parlaments; ohne jeden Zusammenhang mit dieser "Machtverteilung" besteht die Tatsache fort, daß die Bundesrepublik etwa 7% mehr als Frankreich zur Finanzierung des EG-Haushaltes 1987 beigetragen hat und in Zukunft beitragen wird. Ebenso kann die Tatsache nicht unterdrückt werden, daß Frankreich mehr Nutznießer als die Bundesrepublik war und bleiben wird, insofern es vor zwei Jahren etwa 11% größeren Anteil an den Zahlungen aus dem Sozialfond der EG erhalten hat als die Bundesrepublik.[264]

Die französische Hoffnung, der frühere Staatspräsident Valery Giscard d'Estaing werde Präsident des neuen Parlaments werden, hat sich nicht erfüllt. Die 241 Millionen Wähler haben erstmals den linken Parteien eine Mehrheit gegenüber den bürgerlichen Fraktionen gegeben. Die europäischen Parteien-Zusammenschlüsse sind die Europäische Volkspartei (EVP), der

---

264 Presse- und Informationsdienst der Bundesregierung, Europa, Gemeinschaft, Partner, Ziele, 12. Aufl. Juni 1989, S. 79, 85

das Centre des Démocrates Sociaux (CDS) ebenso angehört wie die deutschen CDU und CSU; der Förderation der Liberalen und Demokratischen Parteien in der EG (ELD) gehört die Parti Radical und die Freie Demokratische Partei an; die französischen Gaullisten haben sich einer der zwei konservativen Parteien angeschlossen, die sich den anspruchsvollen Namen "Fraktion der Erneuerungs- und Sammlungsbewegung Europäischer Demokraten" gegeben haben; auch auf der europäischen Ebene gibt es eine fraktion der Europäischen Rechten, "Die Grünen in Europa" und eine kleine "Regenbogen-Fraktion".[265]

Das Parlament hat sich von dem Bild des machtlosen Debattierclubs befreien können, besitzt das letzte Wort bei der Verabschiedung des EG-Haushaltes, übt die Kontrolle über die EG-Kommission aus und ist seit dem Inkrafttreten der Einheitlichen Europäischen Akte in einem allerdings viel zu komplizierten Verfahren an der materiellen Gesetzgebung beteiligt. Die Autorität der Parlamentarier ist durch die Direktwahl gestiegen. Es darf nicht mehr vorkommen, daß verdiente Parteipolitiker, die in die Jahre gekommen sind oder ihren nationalen Posten verloren haben, mit einem Sitz im Parlament belohnt oder versorgt werden.

Da das Parlament um Ausweitung seiner Befugnisse kämpfen muß, wirkt das auf eine Neigung hin, zusammenzustehen, gemeinsam gegenüber Ministerrat, Europäischem Rat, der Kommission, dem Gerichtshof und dem Rechnungshof aufzutreten und deshalb weniger scharf zu streiten, wie man das von den nationalen Parlamentariern erwartet. Diese Neigung zum Konsens wirbt m.E's nicht für den ungebührlich als "Wanderzirkus" bezeichneten Hoffnungsträger Europas, da nicht eine Bürokratie und Technokraten Schöpfer eines geeinten Europas sein können;

---

265 "Europa" aaO. 79, 8o, 81 und 82

Jürgen Wahl, "Europa" in Rheinischer Merkur/Christ und Welt vom 16. Juni 1989, S. 29

sie können nur Anregungen geben; bestimmend in der Hierarchie der Demokratie muß der hewählte Parlamentarier sein.

Die Befürchtung, daß nationale Gruppen sich bilden und die Arbeit der 9 Fraktionen lahmlegen, hat sich nicht bewahrheitet. Die Arbeit wird dadurch erschwert, daß noch starke nationale Widerstände gegen jede Abgabe von Entscheidungsmacht an die EG-Instanzen bestehen; eine unrühmliche Spitzenstellung nimmt in dieser Hinsicht Großbritannien ein, das bei der letzten Europa-Wahl sein mangelndes Interesse durch eine demonstrativ nidrige Wahlbeteiligung von 32 Prozent zeigte.

Wir stellen als die zukunftsträchtige, beste Leistung des Parlaments die Verabschiedung des "Entwurfs eines Vertrages zur Gründung der Europäischen Union" im Februar 1984 heraus.[266]

Die Fortführung des reizvollen Themas, wie wir uns diese Union wünschen, verbietet das wettbewerbsrechtliche Thema. Dagegen verlangt dieses Thema, den sog. deutsch-französischen Freundschaftsvertrag, die historische Leistung Adenauers und de Gaulle's, als das Fundament der Zusammenarbeit ausdrücklich anzuführen: Am 22. Januar 1963 wurde im Palais d l'Elysée in Paris der "Vertrag zwischen der Bundesrepublik Deutschland und der Französischen Republik über die deutsch-französische Zusammenarbeit" unterzeichnet.

Die wirtschaftspolitisch grundlegende Vereinbarung im Abschnitt II -Programm- unter "Auswärtige Angelegenheiten", Ziff. 4 lautet:

"Die beiden Regierungen prüfen gemeinsam die Mittel und Wege

---

266 Presse- und Informationsamt, Europa, aaO. S. 81, 82

dazu, ihre Zusammenarbeit im Rahmen des gemeinsamen Marktes in anderen wichtigen Bereichen der Wirtschaftspolitik, z.B. der Land- und Forstwirtschaftspolitik, der Energiepolitik, der Verkehrs- und Transportfragen, der industriellen Entwicklung ebenso wie der Ausfuhrkreditpolitik, zu verstärken".

Die oben dargestellte Politik der Liberalisierung der französischen Wirtschaft hat objektiv betrachtet die Ziele, die Anpassung an veränderte Marktbedingungen zu erleichtern, das Wachstum zu steigern und neue Arbeitsplätze zu schaffen. Da die deutsche Politik ähnliche Ziele ansteuert, ergibt sich eine Annäherung der beiden Wirtschaftspolitiken; das bedeutet die besten Aussichten, zu einer noch besser koordinierten Wirtschaftspolitik des EG-Binnenmarktes bis 1992 zu gelangen. 267

Am Tage des 25-jährigen Bestehens des Freundschaftsvertrages, am 22. Januar 1989, wurde der deutsch-französische Finanz- und Wirtschaftsrat in Paris durch die Unterzeichnung eines Zusatzprotokolls begründet: Die Finanz- und Wirtschaftsminister sowie die Zentralbank-Präsidenten sollen für eine engere wirtschaftliche Zusammenarbeit sorgen und "regelmäßig die Währungspolitik beider Länder im nationalen, europäischen und internationalen Bereich mit dem Ziel einer möglichst weitgehenden Abstimmung" erörtern. Die Rechtsstellung der deutschen Bundesbank, die im Gegensatz zu der französischen Notenbank von der Regierung unabhängig ist, wird dadurch nicht berührt. Die französische Notenbank ist nur der ausführende

---

267 Presse- und Informationsamt der Bundesregierung, Deutsch-Französische Zusammenarbeit, 1963-1988, Bericht des Koordinators Rainer Barzel, 1988, S. 145-149
Vertiefend im einzelnen nach Übernahme der EG-Präsidentschaft ab 01. Juli 1989 für ein halbes Jahr durch Frankreich: In "integration" 3/89, Institut für Europ. Politik, Bonn,
Hrbek, Rudolf, Das Europäische Parlament ... S. 1o7-188 (Beilage zur Europäischen Zeitung 7/89)

Arm der Geld- und Währungspolitik der Regierung.[268]

Die Stellungnahmen zu der Europäischen Union der Zukunft pendelt zwischen einer kleingläubigen "Europhobie", einer Furcht vor mehr Konkurrenz, und einem tatsachenblindem "Euroenthusiasmus", einer Begeisterung ohne Maß, hin und her; zwischen zu viel Skepsis und zu viel Optimismus wird das Urteil von Kaufleuten oft negativ gefärbt, weil sie von dem Beamtendenken der Funktionäre und dem Bestimmen-Wollen bis zur Form des kleinsten Schräubchens im Rahmen der Kommission in Brüssel nichts Gutes erwarten. Die Haltung zu dem Binnenmarkt, einer rein wirtschaftlichen Größe, färbt demnach ab auf die Einstellung zu der Europäischen Union, einer politischen Größe.

Gegenwärtig ist in Frankreich die positive Beurteilung und der Eifer für Investitutionen im Blick darauf, die Unternehmen auf modernsten Stand zu bringen, stärker als in Deutschland, das früher des Guten zuviel getan hat, was den Binnenmarkt und Europa angeht: In Frankreich ist mehr Aufbruchstimmung festzustellen, in Deutschland hört man mehr skeptische Stimmen.

Der Chef des französischen Arbeitgeberverbandes (Patronat), Ernest-Antoine Seillière, hat auf einer Unternehmerkonferenz in Köln sich in diesem Sinne geäußert und gefordert, daß die "noch zu hohe Staatsquote in der französischen Wirtschaft" weiter reduziert werde. Sein deutscher Partner, Otto Wolff von Amerongen, früher Präsident der Industrie- und Handelskammer zu Köln, heute des Deutschen Industrie- und Handelstages zu Bonn, des Daches über allen IHK'n im Inland und Ausland, weist

---

268 Zawadsky, Karl, Deutsch-französischer Finanz- und Wirtschaftsrat, Die Rechtsstellung der Bundesbank nicht berührt, in
Pariser Kurier vom Dezember 1988

zunächst realistisch darauf hin, daß nicht Europa, sondern "Nicht-Europa" Kosten verursacht; das folgt aus dem sog. Cechini-Bericht, dessen Zahlen-Schätzung, ca 5oo Milliarden DM Einsparung durch Verwirklichung des Gemeinsamen Marktes, er allerdings für zu optimistisch hält. Der Anpassungsprozeß der Wirtschaft hat schon begonnen und wird in den Jahren nach 1992 weitergehen. Auf die EG entfällt etwa ein Viertel des weltweiten Bruttosozialproduktes; die Länder der EG erreichten im Jahre 1988 mit 3,5% die höchste Wachstumsrate seit 197o, mit 7% die dynamischste Investitutionsentwicklung seit zwei Jahrzehnten. 55% des deutschen Exports werden auf EG-Märkten abgesetzt, bleiben also im künftigen Binnenmarkt; rund 52% unserer Importe beziehen wir aus dem EG-Raum. Diese Zahlen unterbauen die kaum zu übertreibende Bedeutung des Binnenmarktes für die deutsche Wirtschaft. Der zitierte Wirtschaftsführer sieht das Wichtigste darin, daß sich die europäische Wirtschaft mit dem Binnenmarkt im Rücken erfolgreicher dem Wettbewerb der amerikanischen und japanischen Wirtschaft wird stellen können. Er berichtet die beruhigende Erklärung des Europäischen Rates von Rhodos, Ende des Jahres 1988, der Binnenmarkt werde sich nach außen nicht abschotten. Aber auch der Handel mit Drittländern und sog. Entwicklungsländern der dritten Welt muß "dynamisiert werden", drückt sich der Wirtschaftler aus.[269]

Um den durch die Novelle vom 25. Juli 1986 geschaffenen Gesetzesstand auf dem UWG-Gebiet zu dokumentieren, wollen wir die bisher noch nicht behandelten, neuen Vorschriften ihrem Gegenstand nach anführen:

---

269 von Amerongen, Otto Wolff, Dynamik durch unbeschränkten Handel, Der alte Schwung ist wieder da, in Kölnische Rundschau vom 23. Mai 1989, Verlagsbeilage: 4o Jahre Bundesrepublik Deutschland; Auf dem Weg in den Europäischen Binnenmarkt.

Neben den angeführten §§ 6a und 6e UWG betrifft § 6d das Verbot der Werbung mit mengenmässiger Beschränkung, § 6e, -wie schon berichtet-, das Verbot der Preisgegenüberstellung; §§ 7, 8 UWG fassen das Recht der Sonderveranstaltungen und Räumungsverkäufe, das vorher an verschiedenen Stellen geregelt war, in diesen zwei Vorschriften zusammen.

Es ist uns in grundsätzlicher Sicht im Vergleich mit dem französischen Rechtszustand interessant, daß der deutsche Gesetzgeber sämtliche "Ordnungswidrigkeitentatbestände" des früheren Rechts und die verwaltungsrechtlichen Sanktionen durch die genannte Novelle aufgehoben hat. "Entsprechend der Zielsetzung des UWG, lediglich einen Ordnungsrahmen für die eigenverantwortliche Bekämpfung des unlauteren Wettbewerbs durch die Wirtschaft selbst zu geben, wurden die Sanktionen auch hier zivilrechtlich ausgestaltet". Der bereits dargestellte Unterschied zwischen der französischen und deutschen Rechtslage bezüglich der Sanktionen ist demnach noch verstärkt worden. Die zivilrechtlichen Sanktionen beherrschen jetzt noch mehr als vorher das deutsche Lauterkeitsrecht. Die häufigen "Sonderangebote" fallen nicht unter § 7 UWG, sondern Verkaufsveranstaltungen im Einzelhandel, die verboten werden; nicht verboten sind Saisonschlußverkäufe und Jubiläumsverkäufe.

Nach § 8 UWG sind Räumungsverkäufe wie bisher nur dann zulässig, wenn eine Räumungszwangslage vorliegt, oder der Geschäftsbetrieb aufgegeben werden soll.

Das Abmahnverfahren gem. § 13 wurde in der Vergangenheit vermehrt mißbraucht. Zur Bekämpfung des Abmahnunwesens wurde der neue § 13 Abs. 5 UWG eingeführt, der in Form einer Generalklausel die Klagemöglichkeit des § 13 bei Mißbrauch ausschließt.

Die Bestimmung des neuen § 13a UWG sieht ein Rücktrittsrecht für private und gewerbliche Abmahner für den Fall vor, daß unwahre oder zur Irreführung geeignete Warenangaben für einen Vertragsabschluß ausschlaggebend waren. Wir sehen auch diese Regelung als eine verbraucherschutzrechtliche Bestimmung an.

Die Neufassung des § 23a UWG sieht vor, daß die Streitwertbemessung für Ansprüche aus Unterlassung flexibel gestaltet wird. Man hatte geltend gemacht, daß eindeutige Wettbewerbsverstöße in vielen Fällen nicht ausreichend verfolgt werden könnten, weil die Wettbewerbsverfahren wegen der hohen Streitwerte nicht durchgeführt wurden. Besonders kleine und mittelständige Unternehmen erhoben deshalb "in kleineren Fällen (z.B. irreführende Zeitungsanzeigen)" überhaupt keine Klage. Die neue Regelung ermöglicht es dem Gericht, den Streitwert an die Vermögens- und Einkommensverhältnisse der Parteien anzupassen.

Die Informationsschrift des Bundesjustizministeriums weist in den "Schlußbemerkungen" darauf hin, daß der zivilrechtliche Schutz ein "typisches Charakteristikum des deutschen Rechts gegen unlauteren Wettbewerb" sei und deshalb durch die Novelle verstärkt worden sei.[27o]

Das fünfte Gesetz zur Änderung des Gesetzes gegen Wettbewerbsbeschränkungen, das der Bundestag nach Zustimmung des Bundesrates am 01. Februar 1989 verabschiedet hat, wird am 01. Januar 199o in Kraft treten. Bei der letzten Lesung hat der Bundeswirtschaftsminister Dr. H. Haussmann zwei Ziele dieser Kartellgesetz-Novelle genannt, um den Wettbewerb in unserer marktwirtschaftlichen Ordnung noch besser zu sichern:

27o Bundesminister der Justiz, Die UWG-Novelle, 1. Aufl., Mai 1988 (32 S. einschließlich des Gesetzestextes und Bebilderung); der Minister Hans A. Engelhard betont im Vorwort zutreffend, "daß natürlich letztlich nur die Gerichte über die Auslegung des UWG entscheiden können".

- Verbesserung des Wettbewerbsrahmens für den Handel, um Risiken der Konzentration und des Machtmißbrauchs besser in den Griff zu bekommen.
- "In den Ausnahmebereichen des Gesetzes, d.h. solchen, die dem allgemeinen Kartellrecht nur mit Einschränkungen unterliegen, wollen wir einen Schritt auf Europa zugehen. Das ist ein wichtiger Beitrag, um unsere Banken und Versicherungen, aber auch die Verkehrsunternehmungen sowie die Versorgungswirtschaft für den gemeinsamen Binnenmarkt fit zu machen", hat der Minister ausgeführt.

Auch die Monopolkommission hat anerkannt, daß auf der Nachfrageseite Marktbeherrschung eher eintreten kann als auf der Angebotsseite. Schwerpunkte der Novelle sind der Verdrängungswettbewerb und die Einkaufskooperation. Die Fusionskontrolle, die nicht mit der Kartellkontrolle verwechselt werden darf, soll verbessert werden; insgesamt soll aber aus der verbesserten Sicherung des Wettbewerbs keine Reglementierung werden. Der Minister nennt das Gebot der Stunde die "Deregulierung", ein seit langem gängig gewordenes Wort der Fachsprache, dessen Sinn leider dem Nichtfachmann verborgen bleibt; wir haben es deshalb bisher nicht benützt.

Wenn im Lebensmittelhandel viele Geschäfte sich wie in der Vergangenheit zusammenschließen und zuviel Macht gegenüber dem Anbieter, dem Großhändler und Hersteller gewinnen, so soll das durch eine Kontrolle dieser Zusammenschlüsse verhindert werden. Wir sind uns nicht ganz sicher, ob wir so den Sinn folgenden Zitats allgemeinverständlicher gemacht haben: "Sollte sich jedoch die konzentrative Entwicklung im Lebensmittelhandel in nennenswertem Umfang längerfristig fortsetzen, so wird die Fusionskontrolle wegen angebotsseitiger Beherrschungen auf lokalen Märkten in zunehmenden Maße greifen."

Die Kluft zwischen der Sprache der Spezialisten und der des Bürgers mit normaler Allgemeinbildung wird immer größer. Dem sollte gerade der entgegenwirken, der das Recht verständlich machen und anwenden soll.

In welche Richtung hat der Gesetzgeber die Entwicklung des deutschen Wettbewerbsrechts gelenkt?
Auf dem Gebiet des Lauterkeitsrechts hat er die Regelungen in dem UWG zusammengezogen und einzelne wettbewerbswidrige, zweifelhafte Verhaltensweisen durch klare Bestimmungen zurückgedrängt und nur noch zivilrechtliche Sanktionen eingesetzt.

Die herausgestellten wichtigsten Erscheinungen im Handel, der gemeinsame Einkauf, der Nachfragewettbewerb und der Bezugszwang treten in der Begründung zu der 5. Kartellgesetz-Novelle in den Vordergrund und markieren damit zugleich die Absichten des Gesetzgebers, Mißbrauch auf der Nachfrageseite zu bekämpfen, weil diese sich mehr als Mißbräuche auf der Angebotsseite in letzter Zeit als Störungen des Marktes gezeigt haben.[271]

Wir schieben einen Bericht über das sog. "Schengener Abkommen" ein: Bis vor kurzem erschien der Abschluß dieses Vertrages gesichert; z.Zt. hat die Angst beteiligter Regierungen vor Terroristen, Rauschgifthändlern und internationalen Kriminellen aller Art es unsicher gemacht, ob die Unterschriften geleistet werden, oder alle Mühe umsonst war. Zugleich zeigt dieser Bericht eines Journalisten, den wir auswerten, welchen Vorteil der Binnenmarkt jedem reisenden Deutschen bringen

271 WuW, Dokumentation 1989, S. 2o9-227 zu der 5. Kartellgesetz-Novelle, verabschiedet am 01.02.1989; aus der "Begründung" insbes. S. 223 und 224

würde.

Der Reisende aus und nach Deutschland überschreitet bei einer Rundreise nur in die 5 Nachbarländer der Bundesrepublik 11mal EG-Binnengrenzen. Nach dem sog. "Schengener Abkommen" -Schengen ist ein Dorf am Dreiländereck im Süden von Luxemburg- sollen schon 199o die Kontrollen an den Grenzschranken zwischen Frankreich, Deutschland und den Benelux-Staaten wegfallen; dort sind sie schon heute eine Seltenheit.
Nahe liegt das umstrittene französische Atom-Kraftwerk Cattenom, gegen das viele Deutsche ihre Bedenken vortragen. Übrigens benützen die Menschen in Schengen nicht die französische Amtssprache, sondern sprechen moselländischen Dialekt.

Die Franzosen kaufen im Sommer 1989 billiger viele Waren -auch Elektrogeräte- in den Supermärkten Saarbrückens, die Deutschen decken ihren Zigarettenbedarf billiger in Frankreich. Schon heute fahren -trotz der Arbeitslosenzahlen hier im Lande- etwa 15ooo Lothringer zur Arbeit in das Saarland. Die Zöllner verdienen an diesen EG-Binnengrenzen schon nicht mehr ihren Namen, da sie keinen Zoll, sondern allenfalls Umsatz- bzw. Mehrwertsteuer erheben.

An der Grenze zwischen Frankreich und Belgien bei Veurne -die Franzosen nenen diesen flämischen Ort Furnes- ärgern sich die wartenden Europäer über die fehlenden Parkplätze, die nicht mehr gebaut werden, da doch eine Autobahn kommen soll.

Die Briten dagegen bestehen darauf, daß an beiden Seiten des sog. Eurotunnels große Flächen für den Bau von Kontrollgebäuden reserviert bleiben. Verständlich m.E's, wenn man an die Tragödie mit den IRA-Terroristen denkt.

Unsere französischen Freunde scheuen sich noch vor zweisprachigen Wegweisern auf Orte jenseits der Grenze -Liège/ Lüttich/Luik- hinzuweisen, die in den Benelux-Ländern selbstverständlich sind.

Diese sind insofern auch allen anderen EG-Ländern voraus, als sie ECU-Schecks annehmen. Eine fortschreitende politische Einigung der 12 EG-Staaten kann ich mir nicht ohne Fortschritte zu einer europäischen Währung -gelegentlich Euro-Taler benannt- vorstellen. Ich sehe keinen Grund dafür, daß an Stelle des schon vorhandenen ECU eine andere Euro-Währung geschaffen werden sollte. Die gegenwärtige Finanzsituation in Europa kann man nur als Trauerspiel bezeichnen: Wenn heute ein Deutscher 1oo bare Mark von einem zum anderen EG-Land weiterwechselt, erhält er am Schluß etwa 34 Mark zurück.[272]

Eine Voraussage, ob das Schengener Abkommen zwischen Frankreich, England, Niederlande, Belgien, Luxemburg und Deutschland schließlich zustandekommt, und dadurch sich eine Gruppe von 6 EG-Staaten von den anderen EG-Staaten absetzt, ist nicht möglich. Nach meiner persönlichen Meinung sollte die Bundesrepublik eine Vorbild-Position als Musterknabe in europäischer Gesinnung nicht anstreben. Immerhin halte ich den Versuch einer zeitlichen Beschleunigung durch das Schengener Abkommen zwischen 6 EG-Staaten für berichtenswert.

---

272 Die berichteten Tatsachen sind dem Artikel von Jürgen Wahl in dem "Rheinischer Merkur/Christ und Welt" Nr. 22 vom 02. Juni 1989, S. 8 entnommen.
Angefügt sei noch die dort auch mitgeteilte Einzelheit, daß der britische Zoll 1989 noch von "EEC-Passports" spricht; damit bezieht er sich noch auf die Europäische Wirtschaftsgemeinschaft (EEC) und nicht auf die längst bestehende politische Europäische Gemeinschaft (EG, also englisch EC).

Auf dem Wege zu einem politisch geeinten Europa muß der Europarat vorgestellt werden: Der "Internationale Ausschuß aller Bewegungen für die Europäische Einheit" hatte zu dem Haager Kongreß im Mai 1948 eingeladen; unter den Teilnehmern war zum ersten Mal auch eine Abordnung Deutscher unter der Leitung des damaligen CDU-Vorsitzenden in der britischen Zone, Konrad Adenauer.

Der Kongreß rief zur Bildung einer "Union oder Förderation von Europa" auf, der die Mitgliedstaaten Teile ihrer Souveränitätsrechte zur Sicherung einer gemeinsamen politischen und wirtschaftlichen Aktion abtreten sollten. Frankreich gehörte zu den ursprünglichen Unterzeichnern mit 9 anderen europäischen Staaten.

Nach den Verbrechen des dritten Reiches begann der Weg Deutschlands in die europäische Völkerfamilie zurück damit, zunächst als "assoziiertes Mitglied" und am 12. März 1951 als vollberechtigtes Mitglied in den Europarat und dessen Organe aufgenommen zu werden. Heute gehören dem Europarat 23 Staaten an.

Inzwischen sind osteuropäische Staaten Konventionen des Europarates beigetreten und ihre Vertreter nehmen an Konferenzen, Kolloquien und Expertenausschüssen des Europarates teil. Der schlüssige Beweis dafür, daß die sozialistischen Staaten nunmehr die Straßburger Institution anerkannt und angenommen haben, liegt darin, daß Gorbatschow als sowjetischer Staatspräsident und Generalsekretär der KPdSU im Juli 1989 vor der Parlamentarischen Versammlung seine Konzeption eines "europäischen Hauses" darlegen wollte.[273]

Ein wesentlicher Grund für den Zick-Zack-Kurs und die langsame

273 Fischer, Per, 4o Jahre Europarat -Vom gescheiterten Förderator zum "kreativen Trainingscenter", in integration 3/89, aaO. S. 119, 121, 122, 125

Fortentwicklung zur Einheit liegt darin, daß sogar Gründer-Mitglieder des Europarates die Verwirklichung der Einheit durch Abgabe nationaler Souveränitätsrechte scheuen.

Schon die Formulierung von 1948 "Union oder Förderation von Europa" zwei verschiedene Konzeptionen überspannen: Es ist der Konflikt zwischen den "Unionisten" -oder auch "Funktionalisten" genannt- einerseits und den "Föderalisten" auf der anderen Seite, der die europäische Entwicklung bis heute lähmt.[274]

Den Unionisten, -dazu zählen die Engländer und die Skandinavier-, genügt es, wenn die Regierungen Westeuropas sich zu enger Zusammenarbeit unter Wahrung der Souveränität verpflichten. Dagegen sind die Föderalisten überzeugt, daß die "Einheit Europas nur dann von Bestand sein wird, wenn sie föderale Gestalt erhielte".[275]

Die deutsch-französische Zusammenarbeit hat sich bereits als Magnet für den europäischen Einigungsprozeß bewährt.

Wir halten eine gemeinsame, europäische Ausbildung des Führungsnachwuchses für einen guten Weg, der bereits eingeschlagen worden ist.

---

274 Fischer, Per, aaO. S. 119; diese Formulierung stammt von Walter Lipgens, Die Anfänge der europäischen Einigungspolitik, Stuttgart, 1977 (1. Teil: 1945-1947). Unsere wettbewerbsrechtliche Arbeit muß sich mit einer Skizze begnügen.

275 Diese Formulierung stammt von Hendrik Brugmans, Der Haager Kongreß nach 4o Jahren -Reflexionen eines Zeitgenossen, in integration, 2/1988, S. 49

Die EG-Gemeinschaften fördern z.B. als Modellprogramm das "Europäische Studienprogramm für Betriebswirtschaft" (ESB) an der Fachhochschule für Technik und Wirtschaft in Reutlingen; die halbe Studienzeit wird in der Heimat, die halbe in einem europäischen Ausland, z.B. an der Ecole Supérieure de Commerce in Reims verbracht. Ein deutsch-französisches Hochschulkolleg steht dem internationalen Studentenaustausch ebenso offen wie schon lange an "INSEAD" in Fontainebleau durch Professoren und Experten aller europäischen Nationen Manager herangebildet werden.[276]

Zur Vorbereitung der als Zusammenfassung unserer Ergebnisse zu formulierenden Thesen nennen wir die beiden Prinzipien:

- Das Wettbewerbsrecht schützt die Freiheit vor Beschränkungen.
- Das Wettbewerbsrecht schafft die Marktordnung
  - durch Selbstverwaltung durch die Wirtschaft,
  - durch Staatsaufsicht durch Sanktionen.

Beide Prinzipien stehen in einem Spannungs-Gegensatz, sie können und müssen vereint werden.

Wir entscheiden uns wirtschaftspolitisch gegen eine zunehmende Vermachtung der Märkte, für eine sozial verantwortliche

---

276 Pollack, Hans Heinz, Managerschmiede im Schwabenland, Pionierarbeit für die EG: Das Europäische Studienprogramm für Betriebswirtschaft der Fachhochschule Reutlingen in Rheinischer Merkur/Christ und Welt vom 02. Juni 1989, S. 25. Das deutsch-französische Hochschulkolleg wurde bei den 5o. deutsch-französischen Gipfelkonsultationen in Karlsruhe am 13. November 1987 errichtet; Presse- und Informationsamt, Deutsch-französische Zusammenarbeit, aaO. S. 115

Freiheit des Unternehmers.[277]

Die wettbewerbsrechtlichen Unterschiede hindern nicht die deutsch-französische Zusammenarbeit, wenn der gemeinsame Binnenmarkt durch die Politik beider Staaten verwirklicht wird. Die Entwicklung zu einem europäischen Wirtschaftsrecht kann sich nur im Rahmen eines dauerhaften Einigungsprozesses der Staaten vollziehen.

---

277 Die Prinzipien sind auf dem Boden der Lehre Mestmäckers formuliert; sein Buch "Der verwaltete Wettbewerb" wird, m.E's im Ergebnis zutreffend-, besprochen:
Köhler, Helmut, Wohin steuert die deutsche Wettbewerbspolitik ? in
Ordo, Bd. 37, 1986, S. 275-28o
Schmidtchen, Dieter, Fehlurteile über das Konzept der Wettbewerbsfreiheit, in
Ordo, Bd. 39, 1988, S. 211-12o, geht von der Diskussion um das Schutzobjekt des GWB aus und betont, daß für die Werturteile, die dem normativen Konzept der Wettbewerbspolitik zugrunde liegen, "kein Wahrheitsanspruch gemäß den Prinzipien von Erfahrungswissenschaften reklamiert werden kann."
Lenel, Hans Otto, Konzentration und Wettbewerb in Ordo, aaO. S. 137 ff, widerspricht in vielen Punkten dem manchmal extreme Urteile fällenden Schmidtchen.

1o. Zusammenfassende Thesen

1.
"Leistungswettbewerb" und "Behinderungswettbewerb" bilden vom Wortsinn her kein echtes Begriffspaar; Leistung bezeichnet zwar mehr das Mittel, Behinderung mehr das Ziel des Wettbewerbs; die Sprache erlaubt es aber, beide Begriffe mit einem anderen Sinn zu benützen. Erst die Definitionen haben diese Begriffe in verschiedener Weise festgelegt und den "Nichtleistungswettbewerb" als weiteren Begriff hinzugefügt.

2.
"Leistung" und "Leistungswettbewerb" sind mehrdeutig. Für eine vom Recht bestimmte Wirtschaftsordnung ist "Leistungswettbewerb" als wertender Normbegriff untauglich.

3.
Der Begriff "Rechtsgut" ist für das Wettbewerbsrecht entbehrlich; er kann durch den im Zivilrecht besser passenden, ähnlichen -nicht deckungsgleichen- Begriff "Gesetzeszweck" ersetzt werden.

4.
Dem wissenschaftlich weniger als in Deutschland entwickelten französischen Wettbewerbsrecht sind die Begriffe Leistungswettbewerb und Rechtsgut fremd; nach der französischen Systematik ist es ein Teilgebiet des "Droit de la propriété industrielle".

5.
Das neuere "Droit de la concurrence" dient seit dem Jahre 1986 der Befreiung von dem Dirigismus des Staates und gibt den Unternehmern mehr Freiheit zur Bestimmung der Preise.

6.
Diese libéralisation läßt es unverändert dabei, daß die

strafrechtlichen und verwaltungsrechtlichen Sanktionen gegenüber den zivilrechtlichen Sanktionen gegen Wettbewerbsverstöße überwiegen; letztere sind kennzeichnend für das deutsche Wettbewerbsrecht. Das deutsche Recht sollte es bei dem Vorrang des Richters belassen und keine Kontrolle des Wettbewerbs durch Verwaltungsbehörden einführen.

7.
Wenn das UWG-Recht auch zunächst die Lauterkeit und das GWB-Recht zunächst die Freiheit des Wettbewerbs schützen, sollten beide Rechtsgebiete künftig zusammenwachsen und gemeinsam den Bestand des freien Wettbewerbs sichern.

8.
In Frankreich ist der wirtschaftspolitische Einfluß auf die Marktwirtschaft stärker als in Deutschland, und die Regierung betreibt z.Zt. eine den Mittelstand, die petites et moyennes entreprises fördernde Wirtschaftspolitik.

9.
Die soziale Marktwirtschaft harmoniert zwar mit der grundgesetzlichen Struktur der Bundesrepblik, schließt aber eine Fortentwicklung der wirtschaftlichen und gesellschaftlichen Ordnung nicht aus.

1o.
Eine Harmonisierung der deutschen und französischen wettbewerbsrechtlichen Gesetzgebung ist nicht erforderlich, um die wirtschaftliche Zusammenarbeit beider Staaten weiter zu verbessern. Die wünschenswerte Harmonisierung sollte der langfristigen europäischen Entwicklung im Rahmen des gemeinsamen Binnenmarktes überlassen bleiben.

Französische wettbewerbsrechtliche Gesetzgebung mit den entsprechenden Verordnungen.

-Geltendes und abgeändertes Recht-

1) Code civil, Art. 1382 und 1383 (Délits et quasi-délits)
2) Code pénal, Art. 177-179 (Bestechung), Art. 258-264 (Usurpation de titres ou fonctions), Art. 418-421 (Geheimnisverrat, spekulative Preisbeeinflussung)
3) Loi du 1er août 19o5 sur la répression des fraudes dans la vente des marchandises et des falsifications des denrées alimentaires et des produits agricoles (Warenbetrug)
4) Gesetz vom 3o. Dezember 19o6 über Ausverkäufe und Sonderverkäufe mit Ausführungsdekret vom 26. November 1962
5) Gesetz vom 08. August 1912 über gewerbliche Auszeichnungen
6) Loi du 6 mai 1919 relative à la protection des appellations d'origine (Ursprungsbezeichnungen) mit Loi du 6 juillet 1966 (Änderung und Ergänzung des Gesetzes vom 06.05.1919)
7) Loi du 26 mars 193o réprimant les fausses indications d'origine (Herkunfsangaben)
8) Décret-loi du 3o juillet 1935 über kontrollierte Ursprungsbezeichnungen für Weinbauerzeugnisse
9) Ordonnance du 3o juin 1945 relative aux prix (aufgehoben durch Art. 1 der Reform-Verordnung) mit der Ordonnance 3o juin 1945 relative à la constatation, la poursuite et la répression des infractions à la législation économique (Bestrafung von Wirtschaftsdelikten), (aufgehoben durch Art. 45-52 der Reform-Verordnung,s. 15)
1o) Gesetz vom 2o. März 1951 gegen das Zugabewesen (aufgehoben durch Art. 29 der Reform-Verordnung,s. 15)
11) Loi de finance no 63-628 du 2 juillet 1963, Rectificative pour 1963 portant maintien de la stabilité économique et financière (sog. Finanzgesetz)

12) Loi d'orientation du commerce et de l'artisanat du 27 décembre 1973 (sog. Loi Royer)

13) Loi sur l'information et la protection des consomateurs dans le domaine de certaines opérations de crédits du 1o janvier 1978 (Verbraucherkredite)

14) Loi sur la protection des consomateurs de produits et de service du 1o janvier 1978 (Verbraucherschutz und Information), Gesetze zu 13) und 14) sog. Lois Scrivenner

15) Ordonnance no 86-1243 du 1er décembre 1986 relative à la liberté des prix et de la concurrence (sog. Reform-Verordnung)

16) Décret no 86-13o9 du 29 décembre 1986 fixant les conditions d'application d l'ordonnance du 1er décembre 1986 (Ausführungs-Verordnung)

zu 15): Art. 38-44 der Reform-Verordnung ersetzt und ändert:

17) Loi no 77-8o6 du 19 juillet 1977 relative au contrôle de la concentration économique et à la répression des ententes illicites et des abus de position dominante (Art. 4-11). Die älteren kartellrechtlichen Regelungen sind in das Reformgesetz aufgenommen worden.

zu 15): Art. 12 und 15 der Reform-Verordnung ersetzt und ändert:

18) Loi no 87-499 du 6 juillet 1987 (betr. die Übertragung der Zuständigkeit von der Verwaltungs- auf die ordentliche Zivil- und Strafgerichtsbarkeit)

Als spezielle Gesetze sind erlassen worden:

19) Loi sur l'enseignement à distance du 12 juillet 1971 (Fernunterrichtsgesetz)
2o) Loi sur la démarchage à domicile du 22 décembre 1972 (Haustürkäufe)
21) Code de la santé publique (Öffentliche Gesundheitspflege)

Literaturverzeichnis

A Deutsches Wettbewerbsrecht

Baumbach, Adolf, Das gesamte Wettbewerbsrecht, Kommentar, 2. Auflage, Berlin, 1931, 1968

Baumbach/Hefermehl, Wettbewerbsrecht, Kommentar, München, 1988

Baur, Jürgen F., Der Mißbrauch im deutschen Kartellrecht, Tübingen, 1972

Callmann, Der unlautere Wettbewerb, Kommentar, 1932, Bensheimer

Elster, Alexander, Gesetz gegen den unlauteren Wettbewerb, Kommentar, Berlin und Leipzig, 1932

Elster, Wettbewerbsrecht mit dem Recht der Zugaben und Rabatte unter Berücksichtigung der Bestimmungen des Werberechts, 1941

Emmerich, Volker, Das Recht des unlauteren Wettbewerbs, München, 1987

Fikentscher, Wolfgang, Wettbewerb und gewerblicher Rechtsschutz, München und Berlin, 1958

v. Gamm/Teplitzky, Wettbewerbs- und Wettbewerbsverfahrensrecht, Bd. 1 Wettbewerbsrecht, 1987
Bd. 2 Wettbewerbliche Ansprüche, 1986, Köln

Herber, Rolf, Leistungswettbewerb und Preisunterbietung, Dissertation, Köln, 1956

Hubmann, Heinrich, Gewerblicher Rechtsschutz, München, 1988

Isay, Hermann, Das Rechtsgut des Wettbewerbsrechts, -eine vergleichende Analyse-, Berlin, 1933

Kegel, Gerhard, Internationales Privatrecht, 1985

Kohler, Joseph, Der unlautere Wettbewerb, Berlin, 1914

Lobe, Adolf, Der unlautere Wettbewerb als Rechtsverletzung, Leipzig, 19o7, Bd. 1

Mestmäcker, Ernst Joachim, Der verwaltete Wettbewerb, Tübingen, 1984

Institut für angewandtes Wirtschaftsrecht (IaW), gemeinn. e.V., Verwalteter Wettbewerb, Verwaltungskontrolle gegen unlauteren Wettbewerb?, München, 1978

Monopolkommission, Sondergutachten der M., Bd. 7: Mißbräuche der Nachfragemacht und Möglichkeiten zu ihrer Kontrolle im Rahmen des Gesetzes gegen Wettbewerbsbeschränkungen, Baden-Baden, 1977

Merz, Andreas, Die Vorfeldthese, Dissertation, 1988

Nipperdey, H.C., Wettbewerb und Existenzvernichtung, Köln-Berlin, 193o

Nipperdey, H.C., Soziale Marktwirtschaft und Grundgesetz, Köln, 1965

Ordo, Jahrbuch für die Ordnung von Wirtschaft und Gesellschaft, Stuttgart, herausgegeben von Franz Böhm, Friedrich A. Lutz u.a.

Reich/Micklitz, Verbraucherschutzrecht in den EG-Staaten, Eine vergleichende Analyse, Eine Studie im Auftrag der EG-Kommission, 1979 (in deutscher Sprache); 1967 in französischer Sprache, New York u.a.

Ulmer, Eugen und Reimer, D., Das Recht des unlauteren Wettbewerbs in den Mitgliedstaaten der EWG, Bd. III, Deutschland, Köln, 1968

Ulmer, Eugen, Sinnzusammenhänge im modernen Wettbewerbsrecht, Berlin, 1932

Ulmer, Peter, Schranken zulässigen Wettbewerbs marktbeherrschender Unternehmen, 1. Aufl., Baden-Baden, 1977

Weber, Wolfgang F., Die kollisionsrechtliche Behandlung von Wettbewerbsverletzungen mit Auslandsbezug, Frankfurt, 1982

Wirner, Helmut, Wettbewerbsrecht und internationales Privatrecht, München, 1974

Anm.: Andere Literatur ist in den Fußnoten zitiert.

Aufsätze

Mitarbeiterfestschrift zum 7o. Geburtstag von Eugen Ulmer mit Beiträgen aus dem deutschen, ausländischen und internationalen Recht, Gewerblicher Rechtsschutz, Urheberrecht, Wirtschaftsrecht,

von Falkenstein, Roland, Wettbewerbsrechtlicher Verbraucherschutz in der Praxis, S. 3o7 ff

Lehmann, Michael, Wirtschaftspolitische Kriterien in § 1 UWG, S. 321 ff

Günther, Schutz des Leistungswettbewerbs durch Wettbewerbsregeln ? Der Markenartikel 54, 346 ff

Kaiser, Joseph H., Grenzen der EG-Zuständigkeit, in Europarecht, 15. Jahrg. 198o, Heft 2

Rambow, Gerhard, Möglichkeiten und Grenzen der Verbraucherpolitik im Gemeinsamen Markt, in Europarecht, 16. Jahrg. 1981

Raiser, Ludwig, Rechtschutz und Institutionenschutz im Privatrecht in

Summum Jus Summa iniuria, Tübingen 1963, S. 145 ff

B Französisches Wettbewerbsrecht

Baumann, Denise, Droit de la consommation, Paris, 1979

Calais-Auloy, Droit de la consommation, Paris, 198o
(1981 in englischer Sprache, New York)

Cas, Bout, Ferrier, Lamy commercial,
Concurrence, Distribution, Consommation 1984
Im Rahmen dieses umfassenden und konkurrenzlosen Standard-Werkes:

Novella, Jean-Paul et Ferrier, Didier, Liberté des prix et nouveau droit de la concurrence, Lamy Paris

Doucet, Michael und Fleck, Klaus, Wörterbuch der Rechts- und Wirtschaftssprache, München 1988

Godé, Pierre, Dictionnaire juridique, Consommation, Paris 1983

Guyon, Ives, Droit des Affaires, Paris 1984
Roubier, Paul, Le Droit de la Propriété Industrielle, 1952, 1954, 2 Bde
Bd. 1: Partie générale
Saint Gal, Yves, Liberté des prix et concurrence, Connaissance du Commerce et de la Consommation, juin 1989, Suplément: Le rapport d'activité de l'année 1988 du Conseil de la concurrence
Wickham, Sylvain, Concentration et dimensions, Paris, 1966

In deutscher Sprache

Das Recht des unlauteren Wettbewerbs in den Mitgliedstaaten der Europäischen Wirtschaftsgemeinschaft (Gutachten)
Bd. I: Ulmer, Eugen, Vergleichende Darstellung, Köln, 1965, 1967 in französischer Sprache
Bd. IV: Krasser, Rudolf unter Mitwirkung von Sallerin, Guy und Schatz, Ulrich, hrsgeg. von Ulmer, Eugen, Köln 1967, Frankreich
Sennewald, Helmut, Kartelle und vertikale Wettbewerbsbeschränkungen in Frankreich, Karlsruhe 1964
Aufsatz: Narjes, Karl Heinz, Perspektiven der politischen Integration Europas, Brüssel, in Europarecht, 16 Jahrg., 1981, S. 414 ff

Zur Einführung für Studenten und Manager in französischer Sprache:

Lefebure, Dominique, Droit et entreprise, 1977

Stichwörterverzeichnis
(Die Zahlen verweisen auf die Seiten des Buches)

Claudia Fischer

Die Stellung Dritter im europäischen Wettbewerbsverfahren
– eine vergleichende Untersuchung mit Blick auf das Antidumping- und EGKS-Recht sowie ausgewählte nationale Rechtsordnungen –

Frankfurt/M., Bern, New York, Paris, 1990. VIII, 210 S.
Europäische Hochschulschriften: Reihe 2, Rechtswissenschaft. Bd. 950
ISBN 3-631-42638-0 br. DM 67.–/sFr. 61.–

Wesensmerkmal jeder Wettbewerbsbeschränkung ist ihre Wirkung auf Dritte. Diesen betroffenen Dritten stellt das Gemeinschaftsrecht mit Art. 3 VO 17 ein Antragsrecht zur Verfügung, das darauf gerichtet ist, ein Verfahren der Kommission gegen Wettbewerbsbeeinträchtigungen einzuleiten und ein Verbot dieser Praktiken zu erreichen. Die Abhandlung enthält eine ausführliche Untersuchung der inhaltlichen Bedeutung des Antragsrechts sowie seiner Durchsetzung vor dem Europäischen Gerichtshof. Dabei ergibt sich, daß im Kartellrecht - wie auch sonst im Gemeinschaftsrecht und in nationalen Rechtsordnungen - das Antragsrecht mehr als eine Anregung darstellt und mit den vom EWG-Vertrag bereitgestellten Rechtsschutzmitteln durchsetzbar ist.

Aus dem Inhalt: Das Antragsrecht als Durchsetzungsmittel im Wettbewerbsrecht - Antragsrecht und Rechte des Antragstellers - Durchsetzbarkeit des Antragsrechts

Printed by
CPI books GmbH, Leck